CONNI BIESALSKI

# FIND YOUR MAGIC

## EINE REISE ZU DIR UND DEINER BESTIMMUNG

*Suche das Licht nicht im Außen, finde das Licht in dir
und lass es aus deinem Herzen strahlen.*
RUMI

# INHALT

Vorwort 4

## Die Magic-Grundlagen 9
Hi, ich bin Conni! 10
Was bedeutet »Find Your Magic«? 12
Bestimmung, Berufung und Leidenschaft 17
Energiemanagement für ein geileres Leben:
Die 3 Säulen 21
Die große Sinnsuche 26
Der Fahrplan für deine Reise 39

## Das Einmaleins der Konditionierung und Programmierung 49
Wer bist du wirklich? 50
Tief sitzende Prägungen 52
Unser Mindset-Fundament 61
Von Märchen, Mythen und falschen Annahmen 66

## Wie du Veränderungen auf den Weg bringen kannst 79
Wo bist du und wo willst du hin? 80
Löse deine Ängste und Blockaden auf 86
Goodbye, innerer Kritiker! 98
Wenn dich dein Umfeld nicht unterstützt 103

**Wie du dein Leben nach deiner Magie ausrichtest**    **111**
  Wie du zum Magier deines Lebens wirst    112
  Höre auf, dich anzupassen    125
  Intuition: Nutze deine Superkraft    135
  Triff Entscheidungen    142
  Eigne dir neue Fähigkeiten an    149
  Entdecke deine Berufung    162

**Wie du deiner Berufung folgen kannst**    **171**
  Ins Handeln kommen    172
  Job und Berufung in Einklang bringen    187
  Dein eigenes Business starten    200

**Wie du dich neu erfindest**    **212**
  Magic Modus Operandi: Dein Ändern leben    213
  Dein neues Betriebssystem    228
  Zum guten Schluss    235

Danksagung    238
Buchempfehlungen und Links    239

# VORWORT

Ich lade dich ein, ein Leben zu leben, das andere nicht verstehen. Ein Leben, das andere womöglich verurteilen. Ein Leben, das ein authentischer Ausdruck von dir und deiner Seele ist und keine Anpassung an den Status quo.

**Die Wahrheit ist:** Wir alle haben eine Bestimmung und einen Sinn, weshalb wir auf der Welt sind.
**Das Problem ist:** Unsere Bestimmung ist meist größer und großartiger, als wir uns vorstellen können – und wollen. Darum bleiben wir lieber klein und führen ein kleines Leben, statt uns zu erlauben, groß zu denken und zu träumen.

Doch gerade für uns Millennials ist die Suche nach wahrer Erfüllung im Leben eine der größten Herausforderungen – wir sind nicht nur von Status und Geld angetrieben, sondern von Bedeutung. Wir rennen ständig dem Verlangen hinterher, endlich glücklich zu sein, und sind auf der Suche nach unserer Bestimmung – doch eigentlich nach uns selbst. Wenn wir keine Mission, keinen tieferen Sinn im Leben spüren, leiden wir oft sehr. Mir erging es nicht anders. Wir fühlen uns, als würden wir in einem Leben feststecken, das nicht unserem wahren Selbst entspricht. In einer Karriere, die sich wie ein Hamsterrad anfühlt. An einem Ort, der uns nicht inspiriert. In Beziehungen, denen es an Leidenschaft fehlt. Es ist nicht wirklich unser Leben, sondern das Leben anderer Menschen – eines, das von unserer Familie oder der Gesellschaft erwartet wird. Wir sind so voll mit Konditionierungen und Programmierungen, dass wir unser eigenes Naturell, unser Verlangen und unsere Interessen ignorieren. All das führt dazu, dass wir uns verloren fühlen, voller Zweifel und Unsicherheiten sind und keine Ahnung haben, was wir eigentlich vom Leben wollen.

Manche von uns erkennen vielleicht mit der Zeit, dass etwas nicht richtig läuft, fangen an, sich tiefer gehende Fragen zu stellen und bekommen eine Vorstellung von einem erfüllenden Leben und ihrem eigenen Weg. Manchmal wird das auch durch eine aufrüttelnde Krise verursacht – durch eine Kündigung, durch Geldprobleme, Krankheit oder Trennung. Doch unsere Ängste und einschränkenden Glaubenssätze (die oft unbewusster Natur sind) halten uns davon ab, die wirklich wichtigen Schritte zu gehen, um mehr Licht ins Dunkel zu bringen.

Da es nicht einfach ist, die richtigen Antworten zu finden, und es uns die Gesellschaft dabei nicht leicht macht, suchen wir nicht selten in den falschen Ecken nach Erfüllung:

- ◇ in einer Karriere, die zwar Geld einbringt, uns aber unglücklich/depressiv macht oder zum Burn-out führt
- ◇ in materiellen Dingen, wie einem großen Haus oder teurem Auto, den neuesten Gadgets oder Klamotten
- ◇ in rastlosen Reisen um die Welt
- ◇ in übermäßigem Social-Media- und Medienkonsum
- ◇ in Essen, Alkohol oder Drogen…

Nur, um dann erneut festzustellen, dass all das nur ein Loch stopft und auf Dauer nicht glücklich macht. Wir stecken in einem Teufelskreis fest. Das wirkliche Problem dabei ist: Wir suchen im Außen, denn so wurde uns das beigebracht. Nie haben wir gelernt, dass die Suche im Innen starten muss.

Mein Ziel ist es, dir mit diesem Buch zu zeigen, wie du alle Antworten in dir selbst finden kannst. Ich werde all meine Erfahrungen mit dir teilen, die ich auf meinem Weg zu einem erfüllten und bedeutsamen Leben gemacht habe – ich werde dir zeigen, wie ich meine eigene »Magic« gefunden habe.

Ich selbst bin jahrelang immer wieder durch die dunkelsten Täler gegangen, um einen tieferen Sinn und eine Bestimmung im Leben zu finden. Als digitale Nomadin mit erfolgreichem Online-Business und einem bekannten Reiseblog hatte ich die größten Freiheiten, habe lange Zeit die Welt bereist und an den schönsten Orten gelebt, passiv gutes Einkommen verdient und ein Leben geführt, wie es sich manche nur erträumen können. Und trotzdem war ich nicht erfüllt, im Gegenteil. Alles oben Beschriebene kenne ich aus eigener Erfahrung. Ich war oft zutiefst depressiv und verloren und habe in all den genannten falschen Richtungen nach Antworten und nach Erlösung gesucht. Auf meinem Weg zu einem wirklich bedeutsamen Leben habe ich viel ausprobiert und viel experimentiert. Ich bin oft gescheitert und wieder aufgestanden, um weiter zu suchen.

Meine Erfahrungen habe ich über die Jahre auf meinen Blog und meinen Social-Media-Kanälen geteilt, ich habe sie in Online-Kursen und Coachings weitergegeben und möchte sie nun in diesem Buch mit dir teilen. Dir sozusagen eine Schritt-für-Schritt-Anleitung geben zu einem Leben, in das du dich jeden Tag aufs Neue verlieben kannst.

*Wir alle haben eine Bestimmung, auch wenn wir überzeugt sind, dass wir keine haben oder schon überall nach ihr gesucht hätten.*

Was wir brauchen, ist wieder ein Zugang zu uns selbst, zu unserem Körper und unserer Intuition. Wir müssen Vertrauen in uns selbst schaffen, um unsere eigene Wahrheit zu finden und zu leben. Es bedarf oft einer radikalen Änderung unserer Sichtweise und der Auflösung von Konditionierungen und Programmierungen aus der Kindheit und der Gesellschaft, um uns ein wirklich authentisches Leben aufzubauen, das uns erfüllt.

Studien zeigen, dass Menschen, die sich mit ihrem Sinn im Leben verbunden fühlen, die gesündesten sind und am längsten leben (siehe zum Beispiel die Studie *The Blue Zones: Lessons for Living Longer From the People Who've Lived the Longest*). Wenn wir unsere Berufung ausleben, sind wir selbst und unser Leben im Flow. Wir sind kreativ ohne Ende, wir haben Klarheit auf unserem Weg, und unerwartete Möglichkeiten breiten sich vor uns aus. Wenn wir uns und unsere Arbeit auf unsere Wahrheit und unsere wirkliche Bestimmung ausrichten, ist Erfolg auf allen Ebenen vorprogrammiert. Das ist das neue NORMAL! Es wird

*Letztendlich ist das Ziel, auf dem Sterbebett liegend zu wissen: »Dieses Leben war es wert, gelebt zu werden!«*

auch dein neues Normal werden, wenn du gewillt bist, die Arbeit dafür zu tun. Die Welt braucht mehr Menschen, die in dieser Energie und diesem Flow leben.

Wir sind alle auf unserer eigenen Heldenreise – dieses Buch ist quasi ein Begleiter dafür, ein Kompass für deinen individuellen Weg. Es ist eine wilde Reise und ein Abenteuer, das mit vielen Höhen und Tiefen verbunden ist – oft müssen wir dafür weit über unsere eigenen Grenzen hinausgehen. Aber wir wachsen dadurch nicht nur in ungeahnter Weise, sondern wir erleben das Leben intensiver und mit mehr Begeisterung.

Mein Ansatz ist grundsätzlich sehr pragmatisch – denn in erster Linie geht es darum, aus dem Kopf und ins Handeln zu kommen. Ich möchte dir helfen, endlich loszulegen – dich also nicht nur inspirieren, sondern dir klare Anweisungen geben, wie du deiner Bestimmung und deinem Sinn im Leben näherkommst. Meine Mission ist, dass du dich in diesem Prozess in dich selbst und in dein Leben verliebst und dass du deine Freude in allem, was du tust, an die Welt weitergibst – selbst wenn du Herausforderungen und Krisen zu meistern hast.

Was ich über dich weiß:
◇ Du bist toll.
◇ Du bist neugierig.
◇ Du bist entschlossen.
◇ Du sehnst dich danach, dich lebendig zu fühlen.

Vielleicht trifft auch auf dich zu, dass…
- ◇ du dich verloren fühlst, verwirrt oder überfordert
- ◇ du Angst hast und denkst, nicht gut genug zu sein
- ◇ du einen Job hast oder ein Business, aber er/es fühlt sich nicht richtig an
- ◇ du depressiv bist.

Egal, was davon stimmt, was ich auch über dich weiß, ist:
- ◇ Du bist auf dem richtigen Weg – auch wenn du das gerade noch nicht glauben willst.
- ◇ Da du dieses Buch in der Hand hältst, bist du Teil einer Revolution. Der Magic-Revolution!

Ich glaube fest daran, dass wir es alle in uns haben, morgens voller Freude und Energie aufzuwachen. Und wenn es uns gelingt, diese Energie so zu kanalisieren, dass wir unser volles Potenzial ausleben können, können wir einen wirklichen Beitrag für diese Welt leisten. Ich nehme dich mit auf eine ganz besondere Reise von Angst zur Freiheit. Ich will dir helfen, deine Kraft zurückzuerobern und deine Selbstzweifel hinter dir zu lassen, damit du endlich frei sein kannst, ganz DU zu sein und dein Leben zu leben. Du betrittst nun neues Land.

Willkommen im Land aller Möglichkeiten. Auf geht's!

P. S.: Du wirst in diesem Buch Macherinnen, Minimalistinnen, Surferinnen und so weiter begegnen. Was keineswegs heißt, dass das hier ein Buch allein für Frauen wäre, aber es wurde von einer Frau verfasst, die sich gern gegen den herrschenden Status quo auflehnt. Und wenn dieser Status quo in Sachen Sprachregelung vorsieht, immer das Maskulinum statt des Femininums zu verwenden, dann wird es Zeit, den Spieß mal umzudrehen. Deshalb: Überall dort, wo ich der besseren Lesbarkeit wegen nur die weibliche Form verwendet haben sind alle Geschlechter mitgemeint.

# DIE MAGIC-GRUNDLAGEN

Wenn mehr Menschen im Einklang mit sich selbst leben, ist die ganze Welt mehr im Einklang.

# HI, ICH BIN CONNI!

Ich wünschte, ich könnte mich in zwei Sätzen vorstellen, aber nach vielem Ausprobieren habe ich das aufgegeben. Derzeit beschreibe ich mich einfach als kreative Seele. Ich bin YouTuberin, Podcasterin und Fotografin, ich schreibe und mache Kurzfilme. Ich bin vegane Minimalistin und Surf-Yogi. Seit 2012 bin ich selbstständig und habe seither schon einige Unternehmen und Projekte gestartet, manche sehr erfolgreich, andere nicht so sehr. Ich bin in Deutschland geboren, reise aber schon seit meiner Teenagerzeit rund um die Welt und lebe momentan viel in Kalifornien und auf Bali. Mit sechsundzwanzig hatte ich mein Coming-out.

Die größten Fragen, die ich mir schon immer stelle, sind: Warum? Und: Was ist der Sinn meines Lebens? Warum bin ich hier? Wie kann ich mit mehr Bedeutung leben? Die Gedanken und Antworten, die ich dazu hier in diesem Buch und auf all meinen Online-Kanälen weitergebe, sind eine Synthese aus verschiedenen Lehren und meinen eigenen Erfahrungen. Ich habe mich mit Buddhismus, Taoismus und Stoizismus befasst, mit Yoga-Philosophie, schamanischer Pflanzenmedizin, NLP, Minimalismus, Gewaltfreier Kommunikation, Psychologie, Psychotherapie und so inspirierenden Lehrern wie Carl Gustav Jung oder Dr. Joe Dispenza.

Eine wichtige Sache, die ich von Buddha gelernt habe, ist:
*Glaube nichts, weil ein Weiser es gesagt hat.*
*Glaube nichts, weil alle es glauben.*
*Glaube nichts, weil es geschrieben steht.*
*Glaube nichts, weil es als heilig gilt.*
*Glaube nichts, weil ein anderer es glaubt.*
*Glaube nur das, was du selbst als wahr erkannt hast.*

Was ich damit meine: Ich weiß nicht alles. Ich bin kein Guru und will auch keiner sein. Ich will einfach nur all meine Erfahrungen an dich weitergeben – in der Hoffnung, dass sie dir auf deinem Weg helfen. Nimm das, was dir zusagt, und probiere es aus, damit du selbst zu eigenen Einsichten und einer eigenen Wahrheit findest.

Mein Ansatz im Leben und mit diesem Buch ist sehr holistisch; das bedeutet, dass wir eine große thematische Bandbreite abdecken werden. Doch vor allen Dingen bin ich pragmatisch veranlagt, daher ist dieses Buch auch eher ein praktischer Guide und keine rein inspirative und philosophische Abhandlung.

Außerdem benutze ich ab und an das Wort »Universum« und andere Begriffe, die mich wahrscheinlich als großen Hippie enttarnen. Wenn das für dich nicht so gut passt, dann ersetze es gern durch Wörter, die dich eher ansprechen. Semantik sollte nicht von der eigentlichen Message des Buches ablenken. Du wirst vermutlich auch merken, dass ich semantisch hier und da ein wenig schwimme und ein paar Sachen vermische, aber das Buch ist auch nicht für Leute, denen es um Details und Perfektion geht, sondern um das große Ganze. Es ist schwierig, die Magic und all das, was sie mit sich bringt, in die menschliche Sprache zu pressen. Sie weigert sich manchmal ein wenig.

Ich bin grundsätzlich keine Verfechterin von Perfektion, sondern gehöre eher zur Randgruppe der Anti-Perfektionisten. Das ist für dich dann besonders interessant, wenn du gern mit der Lupe durchs Leben gehst, die Fehler anderer Menschen aufdeckst und Ein-Sterne-Bewertungen schreibst. Die Wahrscheinlichkeit ist groß, dass ich mir hier und da widersprechen, mich wiederholen werde und nicht die perfekten Worte finde. Manchmal werde ich versuchen, witzig zu sein, und vielleicht scheitern, weil nicht jeder meinen Humor versteht. Ich fordere dich heraus, meine Imperfektion zu lieben, denn im Prozess wirst du dich selbst auch ein wenig mehr lieben.

So läuft das nämlich.

# WAS BEDEUTET
# »FIND YOUR MAGIC«?

Deine Magic ist eine Kombination aus deinem innersten authentischen Ich (auch Seelensignatur genannt), aus deiner Berufung, deiner Bestimmung, deinen Leidenschaften und Interessen, deinen Werten, deinen Geschichten und Erfahrungen. All das, was dich ausmacht – ja, du, das einzigartige Wesen, das du bist. Die Magic schlummert in dir, um Großartiges auf dieser Welt zu zaubern. Oder auch Kleinartiges, denn Größe ist nur unserem Ego wichtig. Es geht nicht nur darum, deine Magic zu entdecken, sondern sie auszuleben und auszudrücken. Sonst wäre das wie Verstopfung und Durchfall gleichzeitig. Und eigentlich geht es auch gar nicht unbedingt darum, deine Magic zu finden, sondern sie zu enthüllen. Denn sie wartet schon seit Ewigkeiten auf dich. Sie will, dass du endlich den Vorhang (oder die 500 Vorhänge) beiseiteschiebst, damit sie erstrahlen und die Welt bereichern kann.

Die wundervolle Oprah Winfrey hat mal gesagt, dass wir alle eine Berufung und eine Bestimmung haben – und dass es unsere Aufgabe ist, herauszufinden, was diese sind. Ich bin da voll Oprahs Meinung (ich bin eigentlich immer Oprahs Meinung). Und wenn wir uns nicht bewusst für unser eigenes Schicksal interessieren, dann tut das unser Unterbewusstsein. Das äußert sich dann in Krankheiten, Depressionen, Burn-out und anderen unerwünschten Lebensumständen. Wie sonst soll unser wirklich authentisches Leben, das durch uns hindurchkommen will, unsere Aufmerksamkeit bekommen? Aber wenn wir unsere Magic nicht ignorieren, sondern uns ihr hingeben und sie bewusst ausleben – wenn wir mit ihr arbeiten und nicht gegen sie – dann kann unser Leben richtig fließen. Wenn wir das verkörpern und ausdrücken, was wir wirklich sind, dann sind wir im Einklang – mit uns und allem, was uns umgibt.

Ich finde, es gibt nichts Wichtigeres im Leben, als morgens aufzuwachen und zu spüren, zu wissen, dass mein Sein, mein Leben und meine Arbeit einen Sinn haben. Zu wissen, dass ich einen Beitrag leiste. Dadurch fühle ich mich lebendig und in mir fließt eine strahlende Energie, die nach außen sichtbar ist. Zu geben macht uns immer glücklicher als zu nehmen – daher finde ich es so wichtig herauszufinden, was wir mit unserer Magic der Welt geben können. Allein nur, wenn dein Licht heller leuchtet, weil du dir erlaubst, deinen eigenen Weg zu gehen, hilfst du anderen, dasselbe zu tun. Ich bin felsenfest davon überzeugt, dass wir damit Mensch für Mensch die Frequenz hier auf Erden anheben können.

*Unsere Seelen haben ein Geschenk für uns, und wir sind hier, um es zu enthüllen.*

Am Ende – f\*ck it! – wer weiß, ob das mit der Reinkarnation wirklich so läuft –, aber in diesem Leben haben wir nur dieses Leben. Und die Uhr tickt. Denn was wir nicht unendlich zur Verfügung haben, ist Zeit. Das heißt, die größte Verschwendung ist es, ein Leben zu führen, auf das du nicht wirklich Bock hast, das du nur mit halbem Herzen lebst und das dich nicht erfüllt. Als ich das realisiert habe, war mir direkt klar, dass ich keine Zeit habe, um noch mehr Zeit zu verlieren. Je mehr ich mir meine eigene Sterblichkeit bewusst mache, desto mehr hole ich aus meinem Leben und mir raus.

Es bricht mir das Herz, so vielen Menschen zu begegnen, die ein Leben führen, das sie langweilt und weit von ihrem eigenen Potenzial und ihrer eigenen Wahrheit entfernt ist. Dabei sind wir alle hier, um unsere individuellen Gaben und Leidenschaften (unsere Seelensignatur) auszuleben und der Welt zum Geschenk zu machen. Deine wunderbare Lebensenergie ist kostbar und will richtig genutzt werden. Wie kannst du sie nicht nur für dich nutzen, sondern auch für die Welt und andere Menschen? Dein Leben ist deine Message an die Welt.

Was ist deine Message?

## WIE WIR UNSERE MAGIC FINDEN KÖNNEN

Der Weg zu deiner Berufung, zu deinem Weg, deiner Magic ist eine Reise zu deinem authentischsten Ich. Es ist eine Reise in dein vollstes Potenzial und es ist vor allen Dingen auch eine Reise in die Freude. Während du meine Worte hier liest, bist du schon auf dem Weg von einer tollen Raupe zu einem wundervollen, farbenfrohen Schmetterling. Auf den kommenden Seiten geht es darum, aus deinem Kokon auszubrechen, dein volles Licht scheinen zu lassen und an die Welt weiterzugeben.

Boah, das hört sich womöglich an wie ein klassisches Handbuch zur Persönlichkeitsentwicklung. Okay, also am Ende geht es darum, ein richtig geiles Leben zu haben, indem du jeden Tag spürst, dass dein Leben einen Sinn hat. Besser? Cool.

Aber der Vergleich mit der Raupe und dem Schmetterling ist einfach so wahr. Die Raupe raupt so vor sich hin, am Boden oder auf einem Blatt. Aber wow, der Schmetterling! Der hat meist fantastische Farben, an welchen sich viele andere erfreuen, und er kann fliegen. So viele Menschen existieren nur, aber leben nicht wirklich. Sie leiden eher, anstatt jeden Tag wirkliche Freude zu spüren. Wenn das auf dich zutrifft, wenn du das Leben nicht genießen kannst, ständig auf der Suche bist und total verpasst, im Hier und Jetzt zu sein (nämlich da, wo das Leben stattfindet) – dann läuft da was falsch.

Da du dieses Buch in der Hand hältst, gehe ich davon aus, dass du nach deinem Warum suchst, nach mehr. Nach einem besseren Leben, nach dir, nach deinem Ding, nach deiner

Bestimmung. Viele suchen nach Erfolg, nach Geld, nach Liebe, nach mehr Besitz – nach vielen Dingen im Außen. Dein Weg zu dir, deiner Bestimmung und Bedeutung führt dich weitaus tiefer nach innen. Und ich kann dir jetzt schon sagen, dass das Abenteuer nach innen viel aufregender ist als jedes Abenteuer im Außen. Es ist eine Einladung an dich, dich nicht länger klein zu machen, dich anzupassen, das zu tun, was von dir erwartet wird und was du denkst, das du tun »sollst« oder »musst«.

Als privilegierte Bewohner der westlichen Welt müssen wir uns nicht mehr um das Brot auf dem Tisch und um das Dach über dem Kopf sorgen und ich glaube, dass wir genau deshalb in der Pflicht sind, herauszufinden, warum uns dieses wunderbare Leben gegeben wurde. Dass wir in der Pflicht sind, voll in unsere Bestimmung und auf unseren Weg einzusteigen und anderen Menschen zu dienen, ihnen zu helfen oder einfach nur, das Licht, das wir auf dieser Reise finden, an die Welt da draußen weiterzugeben.

Diese Reise des Entdeckens deiner MAGIC ist ein Prozess des Erwachens. Wenn du einmal richtig wach bist, kannst du

*Wir sind nicht nur hier, um zu atmen, zu essen, zu schlafen, zu arbeiten, Kinder zu kriegen und zu sterben. Wir sind hier, um uns in einer bestimmten Form auszudrücken und einen Beitrag zu leisten.*

nicht mehr einschlafen. Rückwärtsgehen ist keine Option. Du kannst Gesehenes nicht ungesehen machen. Wenn du einmal die Schönheit des Meeres gesehen hast, kannst du dies nicht ausradieren und so tun, als wärst du nie am Meer gewesen. Wenn du dich einmal entscheidest, dich auf die Reise zu deiner Bestimmung zu machen, dann kannst du es NICHT nicht tun. Ist der Schalter einmal umgelegt, gibt es kein Zurück mehr.

Dieses Abenteuer geht mit einigen richtig coolen »Nebenwirkungen« einher. Du wirst mit mehr Herz und einem offeneren Blick durchs Leben gehen. Deine Intuition wird deine beste Freundin werden. Du wirst Ängste und Blockaden auflösen. Du wirst dir neue tägliche Gewohnheiten aneignen. Du wirst mehr Energie haben. Du wirst neue Freundinnen gewinnen. Du wirst dich selbst mehr lieben und somit auch die Welt und andere Menschen.

Auf die kürzeste Formel gebracht, finden wir unsere Magic, indem wir...

- ◇ zuerst mal tief nach innen gehen (dahin, wo viele nicht so gern hingehen)
- ◇ unser Mindset und unser Denken erneuern
- ◇ unsere inneren Blockaden und Ängste auflösen
- ◇ uns viele neue Fragen stellen und sie aktiv und bewusst beantworten
- ◇ radikal ins Tun kommen
- ◇ experimentieren und Neues ausprobieren
- ◇ neue Gewohnheiten und tägliche Rituale entwickeln
- ◇ Fehler machen und scheitern
- ◇ wachsen
- ◇ anfangen, einen bedeutungsvollen Beitrag zu leisten.

Bist du bereit?

# BESTIMMUNG, BERUFUNG UND LEIDENSCHAFT

Wenn ich von Berufung und Bestimmung spreche, meine ich zwei unterschiedliche Konzepte, die sich manchmal auch überschneiden und miteinander Händchen halten:

**Deine Berufung ist das Was**: was du aufgerufen bist zu tun und zu werden. Deine Berufung RUFT dich in Richtung deiner Bestimmung.

**Deine Bestimmung ist das Warum**: warum du hier bist. Deine Bestimmung ist dein Antrieb, dein Naturell.

Während eine Karriere, ein Hobby oder eine Leidenschaft vordergründig eigennützig sind, ist deine Bestimmung und Berufung auf andere ausgerichtet. Es geht darum zu dienen. Wenn ich von »dienen« spreche, so hört sich das im Deutschen ein wenig komisch an. Im Englischen funktioniert da *to serve* viel besser. Ich meine damit, einen Beitrag zu leisten, anderen zu helfen und zu geben. Geben fühlt sich allgemein so viel erfüllender an als Nehmen. Stimm dich mal eben in die Energie des Nehmens ein. Und dann in die des Gebens.

### WAS IST EINE BERUFUNG?

Sie ist das Lied, das nur du singen kannst, deine einzigartige Wahrheit, die es gilt auszudrücken. Sie ist deine Lebensaufgabe, die du an die Welt weitergibst. Sie fragt dich: »Wie kannst du dein Leben so leben, dass es andere positiv beeinflusst und inspiriert?« Deine Berufung wird dich am Ellbogen zupfen, so lange, bis du aufhörst, sie zu ignorieren, und ihr folgst. Bis du im Einklang mit deiner Seele lebst und die Arbeit machst, die dein volles Potenzial, deine Leidenschaft und Talente ausdrückt. Deine Berufung fordert dich heraus, zu wachsen, deine Stimme zu finden und auszudrücken. Sie fordert dich auf, eine Mission und Vision zu kreieren.

Deine Berufung ist der Wechsel von »Was will ich vom Leben?« hin zu »Was will das Leben von mir?«. Wenn du mit deiner Berufung verbunden bist, musst du dich nicht pushen oder zwingen, etwas zu tun: Ihre Energie zieht dich vorwärts und hin zu Kreativität und Tun.

## WAS IST EINE BESTIMMUNG?

Deine Bestimmung ist dein Sinn im Leben, der Auftrag deiner Seele, die Grundlage deiner Persönlichkeit. Sie ist der Grund, weshalb dir dieses Leben geschenkt wurde. Sie kann deine Berufung sein, aber sie geht auch oft darüber hinaus und deutet darauf hin, was du vom Leben mitnehmen kannst/sollst. Eine Bestimmung ist mehr das generelle Thema deines Lebens, dein allgemeiner Kompass, dein Nordstern.

*Deine Berufung kann sich immer wieder ändern, aber deine Bestimmung ist grundlegender und geht tiefer.*

Meine Bestimmung ist es, zu lehren, zu inspirieren und meine kreativen Energien in Messages zu kanalisieren. Ich sehe mich mit meiner Arbeit zum Beispiel als eine Art Radiostation, durch die Kreationen und Nachrichten an andere Menschen gesendet werden. Meine Berufung war es auch, Tauchlehrerin zu sein. Und Reisebloggerin. Und anderen das Bloggen und

Online-Business und -Marketing beizubringen. Und anderen zu helfen, ihre Bestimmung und Berufung zu entdecken. Meine Bestimmung ist es auch, mich durch Liebesbeziehungen zu erfahren und durch sie alte Traumata zu heilen. Meine Bestimmung ist es, den Status quo herauszufordern und den Sinn des Lebens tief zu erforschen. Nicht alle Bestimmungen müssen in einer Berufung enden. Oder sie tun es erst viel später im Leben. Die beste Art, deine Bestimmung und Berufung zu finden, ist es, deiner Freude zu folgen, den Dingen, die dich leuchten lassen.

Die Bestimmung von Elon Musk ist es, große Visionen für die Entwicklung der Menschheit zu verfolgen. Seine Berufung liegt in dem Aufbau von hochmodernen Technologiefirmen.

Die Bestimmung von Mahatma Gandhi war es, die Welt zu verändern. Seine Berufung war, eine Bewegung der Gewaltfreiheit zu starten und Indien zur Unabhängigkeit zu verhelfen.

Es kann vielleicht deine Bestimmung sein zu heilen oder anderen zu einem erfüllenden, glücklichen Leben zu verhelfen. Deine Berufung kann dann zum Beispiel sein, als Heilpraktikerin oder Energieheilerin zu arbeiten, als Tierärztin oder Therapeutin für Pferde. Du könntest Lebenshilfe-Coach werden oder als Bloggerin oder YouTuberin deine Botschaft in die Welt tragen oder als Unternehmerin mit einem bestimmten Produkt.

Es kann deine Bestimmung sein, anderen in Not zu helfen. Dann wäre deine Berufung vielleicht, dich in einer Menschenrechts- oder Tierschutzorganisation zu engagieren. Sie kann aber auch darin liegen, ein Familienmitglied durch eine schwere Krankheit hindurch zu pflegen und zu begleiten.

Kreativität kann ebenfalls deine Bestimmung sein und deine Berufung wäre, als Künstlerin, Grafikdesignerin, Musikerin, Fotografin oder Filmemacherin die Welt zu bereichern. Es kann deine Bestimmung sein, zu unterhalten und Geschichten zu erzählen. Deine Berufung kann dann zum Beispiel Autorin sein, Stand-up-Comedian oder Schauspielerin…

Deine Bestimmung kann es sein, Probleme zu lösen, und deine Berufung, dies als Wissenschaftlerin zu tun oder als Beraterin, um anderen Unternehmen zu helfen, nicht bankrott zu gehen.

Deine Berufung kann sich in der Selbstständigkeit ausdrücken, im Angestelltenverhältnis oder als Freiwilligenarbeit. Sie kann nebenher ausgelebt werden oder in Vollzeit. Es gibt keine Regeln, wie sie durch dich hindurchkommen will.

## WAS HEISST LEIDENSCHAFT?

Leidenschaft ist die Emotion in dir drin – ein starkes, nahezu unkontrollierbares Gefühl für etwas. Sie sollte Teil deiner Berufung sein, denn sonst bleibst du nicht dran. Es ist ehrenwert, etwas allein für einen höheren Sinn und Zweck tun zu wollen. Aber wenn du nicht leidenschaftlich bei der Sache bist, wirst du unglücklich werden oder schnell aufgeben – oder beides.

*Leidenschaften und deine Verbindung zu ihnen sind der Kompass in Richtung deiner Berufung.*

Deine Berufung schickt Energien nach außen, um zu helfen, zu »dienen«, zu geben und einen Beitrag zu leisten. Deine Leidenschaft schickt Energien zu dir nach innen – Energien, die dir guttun, aber niemand anderem. Aber es geht natürlich nicht nur darum, das zu tun, was du liebst, deine Leidenschaften auszuleben und mit ihnen Geld zu verdienen. Deine Berufung ist viel größer als das: Durch sie erlaubst du dem Universum, dich für ein übergeordnetes Wohl zu »benutzen«.

# ENERGIEMANAGEMENT FÜR EIN GEILERES LEBEN: DIE 3 SÄULEN

Wie schon gesagt: Wir sind umgeben von Energie, und alles trägt Energie. Ob du dir dessen bewusst bist oder nicht: Deine Energien fließen in alles, was du tust, in jede Interaktion, in jede E-Mail und in alles, was du kreierst. Es ist schwer, lebensverändernde Transformationen und Dinge zu kreieren, wenn wir wenig Energie oder negative Energien haben und diese aussenden. Daher meine Fragen an dich:

◇ Mit welcher Energie willst du dein Leben leben und dich der Welt hingeben?
◇ Mit welcher Energie willst du neue Dinge erschaffen und Menschen erreichen?
◇ Mit welcher Energie willst du deine Wahrheit ausleben und deinen Weg gehen?

Wenn wir davon sprechen, unsere Energie oder Schwingung zu erhöhen, dann bezieht sich das auf die Frequenz, auf welcher die Energie schwingt. Deine Energie hängt von deinem emotionalen, mentalen und physischen Zustand ab – dieser wiederum ist beeinflusst durch viele Dinge: deine Gedanken, deine Gefühle, deine Ernährung, die Bewegung deines Körpers …

Wenn du deinem Körper regelmäßig Burger-King-Nahrung gibst, deinem Geist negative Nachrichten und Reality TV und dich kaum bewegst, wirst du nicht die nötige Energie haben, um richtig durchzustarten.

Die Menschen, die wirklich Positives in der Welt bewegen, haben viel und vor allem viele Energien mit einer hohen Schwingungsfrequenz, mit welchen sie Dinge erschaffen und Menschen erreichen. Sie kümmern sich um ihren Körper, ihre Gesundheit und ihre Ernährung. Sie wissen, wie wichtig Energie ist im Ausleben ihrer Berufung.

Als ich wirklich verstanden habe, wie Ernährung, Bewegung und Achtsamkeit meine Arbeit, meine Kreativität und Produktivität beeinflussen, hat sich auf einmal mein ganzer Lebensansatz verändert. Und nicht nur das. Das Umstellen meiner Ernährung auf pflanzenbasiert vegan hat eine ganz neue faszinierende Welt der Gesundheit für mich eröffnet. Darüber hinaus ist das tägliche Bewegen meines Körpers – sei es durch Yoga, Surfen, Schwimmen oder Wandern (meine bevorzugten Arten) – ein entscheidender Grund, dass ich kaum noch unter Depressionen leide. Wenn ich morgens aufstehe und meine Energien in Schwung bringe, im Yogastudio oder auf meinem Surfbrett in den Wellen, dann ist der Tag schon gewonnen. Meditation und Bewegung nehmen mir keine Zeit weg – im Gegenteil, durch sie bekomme ich mehr davon.

Auch wenn es viele Gewohnheiten gibt, die uns Energie geben und sie anheben, so liegt das Fundament in drei Bereichen: **Bewegung, Ernährung und Meditation**.

## SÄULE 1: BEWEGUNG

Energie muss sich bewegen. Doch durch unsere »modernen« Lebens- und Arbeitsweisen – nämlich vornehmlich im Sitzen – bleibt jede Menge Energie in uns stecken. Noch dazu machen wir weitaus mehr mentale Kopfarbeit, und somit ist viel Energie in unserem Gehirn und nicht in unserem Körper. Es ist also auch mehr Energie vorhanden, um angstvolle oder depressive Gedanken zu denken.

Noch dazu ist anstrengende physische Bewegung eine sehr gute Möglichkeit zu lernen, Unwohlsein auszuhalten. Und das im positivsten Sinn, denn das verbessert deine Stressbewältigung im Alltag. Also geh ins Fitnessstudio, laufe, schwimme, mach Yoga, tanze, oder surfe. Was immer dir Spaß macht – mach es, möglichst täglich.

Ich könnte nicht jeden Tag an diesem Buch schreiben, wenn ich mir nicht morgens die Zeit nehmen würde, meinen Körper zu bewegen. Es gibt mir die Energie und Klarheit im Kopf, diese Wörter hier zu tippen.

*Energien müssen bewegt werden, um hoch zu bleiben. Je mehr du dich bewegst, desto mehr bewegen sich deine Energien.*

## SÄULE 2: ERNÄHRUNG

Alles, was wir in unseren Körper aufnehmen, hat Energie, die an unsere Zellen weitergegeben wird. Ungesundes Essen sorgt für eine niedrige und ungesunde Energie. Dinge wie Rauchen, Alkohol und Drogen rauben Körper und Geist sogar Energie, weil sie auf der Energiefrequenzskala sehr weit unten angesiedelt sind. Jedes Mal, wenn wir solche Sachen zu uns nehmen, absorbieren wir die entsprechende Energie. Und genau so läuft es natürlich auch im positiven Sinne: Essen mit einem hohen Energielevel gibt uns mehr Energie und mehr Klarheit im Kopf.

Alle Lebensmittel, die direkt aus der Natur kommen und unverarbeitet sind, haben eine hohe Frequenz, während verarbeitetes Essen ein niedriges Energielevel hat. Die Verarbeitung zieht quasi die Energie aus der Nahrung. Frisches, rohes Essen ist hingegen voll mit wunderbaren Sonnenlichtenergien – und welche tolle Energie hat die Sonne? Biologisches Obst und Gemüse hat zudem höhere Schwingungsfrequenzen, denn was auch immer auf »normale« landwirtschaftliche Erzeugnisse gespritzt wird, ist chemisch und somit niedriger frequentiert.

Und auch Wasser hat Energie. Unser Leitungswasser hat eine gute Qualität, aber Quellwasser ist noch mal besser, auch als stark filtriertes Wasser. Wenn wir uns überlegen, dass unser Körper aus 50 bis 65 Prozent Wasser besteht und wir mehrere Liter am Tagen trinken, scheint es logisch, dass wir Wasser mit einer hohen Energie trinken sollten.

| **Nahrung, die deine Energie anhebt** | **Nahrung, die deine Energie nicht anhebt** |
|---|---|
| ◇ Frische Früchte | ◇ Brot und Pasta |
| ◇ Frisches Gemüse | ◇ Fertiggerichte und Fast Food, vieles, was in einer Verpackung verkauft wird |
| ◇ Nüsse | |
| ◇ Kaltgepresste Öle wie Olivenöl | |
| | ◇ Fleisch und Fisch |
| ◇ Brauner Reis | ◇ Zucker |
| ◇ Frische Kräuter | ◇ Cola, Pepsi etc. |
| ◇ Rohe Schokolade | ◇ Weißer Reis |

Wir sind es so gewohnt, verarbeitete Nahrung zu uns zu nehmen, die oftmals nichts mehr mit ihrem Ursprung zu tun hat, dass wir es schon fast verlernt haben, uns natürlich zu ernähren. Also fang an, die Etiketten im Supermarkt zu lesen, bevor du Sachen in deinen Einkaufswagen legst. Schau dir an, was für krasse Sachen mit teilweise kryptischen und unaussprechlichen Namen da drin sind. Und je mehr davon auf der Verpackung aufgelistet sind, desto eher solltest du nach einer gesünderen Alternative Ausschau halten.

## SÄULE 3: MEDITATION

Ich würde sagen, das ist das Zaubertool schlechthin. Achtsamkeitsübungen wie Meditation haben positiven Einfluss auf dein

Nervensystem, sie entspannen dich und bringen dir mehr inneren Frieden. Je mehr du im jetzigen Moment bist, desto mehr bist du in Balance und desto weniger anfällig für äußere Umstände. Beim Meditieren verlangsamt sich deine Gehirnaktivität. Die Aktivitätsfrequenz schaltet von aktiven Beta-Wellen um zu mehr Alpha-Wellen oder gar den beruhigenden Theta-Wellen, die im Säuglings- und Kleinkindalter sehr aktiv sind, aber bei uns Erwachsenen eher nur im Schlaf. Meditation hilft uns auch, unseren Konzentrationsmuskel zu stärken, der Einfluss auf unsere Arbeit und Kreativität hat.

Zudem haben wir durch Meditation die Möglichkeit, uns jeden Morgen mit uns selbst zu verbinden, was unglaublich wichtig ist auf unserem Weg. Denn wie wollen wir die Welt verändern, wenn wir uns noch nicht mal zehn oder zwanzig Minuten Zeit nehmen können, um mit uns selbst zu sitzen?

Viele Vorteile von täglicher Meditation wirst du in den Momenten erleben, in denen du nicht meditierst. Die Praxis beeinflusst alle Bereiche deines täglichen Lebens. Ich selbst meditiere jeden Morgen zwischen 15 und 45 Minuten. Oprah meditiert. Will Smith meditiert. Timothy Ferris meditiert. Angelina Jolie meditiert. Alle meine besten Freunde meditieren. Denn ja – Meditation ist sexy. Wenn Angela Merkel und Donald Trump und alle anderen große Weltpolitiker jeden Tag zwanzig Minuten meditieren würden, würden wir auf einem friedlicheren Planeten leben.

> *Je mehr du mit dir selbst verbunden bist, desto mehr weißt du, was du brauchst, und kannst deinen Bedürfnissen nachgehen.*

# DIE GROSSE SINNSUCHE

Die Frage nach dem Sinn des Lebens scheint die schwierigste Frage überhaupt. Vielleicht tust du sie auch lapidar ab als »Haha, ja, ja, Conni, der Sinn des Lebens« und schiebst sie wieder beiseite, weil sie zu groß ist, als dass du ihr je gerecht werden könntest.

Ich nehme die Frage nach dem Sinn des Lebens sehr ernst. Ich weiß nicht, ob du dir vorstellen kannst, wie oft ich sie mir schon gestellt habe – und auch weiterhin stelle, denn ich glaube nicht, dass es eine endgültige Antwort für mich gibt, die mich völlig und für alle Zeiten zufriedenstellen wird. Aber ich bin schon ziemlich zufrieden damit heutzutage. Mein Kopf kann einfach nicht anders, als immer wieder – mindestens alle paar Tage – auf die große, weite Metaebene zu steigen, während ich im Supermarkt an der Kasse stehe oder im Shavasana im Yoga liege, und mir ins Ohr zu flüstern: »Na, Conni, warum bist du wohl hier? Warum der ganze Kladderadatsch hier im Leben?« Besonders, wenn ich durch depressive Phasen ging (und manchmal noch gehe), erscheint die Frage nach dem Sinn des Lebens als eine der Hauptdarstellerinnen auf meiner inneren Bühne. Und da ich ein Mensch bin, der lieber in Lösungen denkt als in Problemen, habe ich mich über die Jahre aufgemacht, Antworten zu finden und dann meine eigenen zu generieren, die noch viel besser sind. Hier ist mein Versuch.

## WAS UNS DIE KLASSIKER MITGEBEN

Die Frage nach dem Sinn des Lebens ist ohne Zweifel seit mehreren Jahrtausenden eine der top Fragen in der Philosophie, über die sich schon viele intelligente Geister in der Geschichte der Menschheit den Kopf zerbrochen haben. Um es vorweg zu nehmen: Jeder philosophische, spirituelle oder religiöse Ansatz (und auch meiner) ist im Grunde artifiziell, so wie quasi alles im Leben und auf dieser Welt, denn alles entsteht in der Vorstellung unseres Geistes und keiner weiß wirklich, was die absolute Wahrheit ist. Und keiner weiß zu hundert Prozent, was wirklich nach dem Tod passiert. Wir haben höchstens Vermutungen – besonders Religionen haben das. Mit diesem Thema der absoluten Wahrheit schlage ich mich schon lange herum, aber mittlerweile kommt mein Ego mit der einzig möglichen Antwort klar: Wir wissen, dass wir nichts wissen.

Aber scheinbar können wir Menschen trotzdem nicht anders, als immer nach Erklärungen zu suchen. Diese Erklärungen sind meist sehr subjektiv, die Konzepte und Auffassungen unterscheiden sich je nach Glaubenssystem. Am Ende geht es darum, für dich selbst herauszufinden, was in deinem Kopf am meisten Sinn macht. Das habe ich auch getan und nenne das »Connis kumulativen Erfahrungsansatz«. Er ist das Ergebnis einer langen Suche: in allen Winkeln dieser Welt, in mir selbst, in Religionen und Philosophien, in Workshops und Retreats und in den Lehren von vielen weisen Menschen. Aber vor allen Dingen ist es das Ergebnis von – Achtung, das ist jetzt der entscheidende Punkt! – viel Ausprobieren und Experimentieren sowie der aktiven Beobachtung, dass sie für viele andere Menschen gleichermaßen zutreffen.

Hier ist eine Übersicht der bekanntesten Theorien zum Sinn des Lebens:

◇ Der **evolutionäre Ansatz** ist simpel und sieht den Sinn des Lebens darin, zu überleben und sich fortzupflanzen.
◇ Die **antiken Philosophen** sahen ihn im Erreichen von Glückseligkeit.
◇ Die **Christen** glauben, der Sinn läge darin, eine Beziehung zu Gott aufzubauen, und dass Gott jeden Menschen mit

einem Sinn und Zweck erschaffen hat. Sie glauben aber auch an das irdische Leben als Jammertal. Sinn entsteht durch die Akzeptanz irdischen Leidens als Weg zum Paradies nach dem Tod.

◇ Nach **islamischer** Überzeugung besteht der Sinn des Lebens darin, die Liebe Gottes zu empfangen. Gott erschuf den Menschen, um ihm alles zu geben.
◇ Die **Hinduisten** haben unterschiedliche Konzepte und verfolgen vier Lebensziele.
◇ Die **Buddhisten** glauben, dem Kreislauf der Reinkarnation durch das Eingehen ins Nirwana zu entkommen, in das völlige Verlöschen und auch dem Verlöschen der Sinnfrage. Praktischer ausgedrückt geht es um das Überwinden von Leiden.
◇ Für **Daoisten** gibt es keinen finalen, definitiven Sinn. Für sie liegt er darin, jeden Moment voll zu leben.
◇ Die **spirituelle**, weniger religiöse Welt glaubt an die Seelenevolution und eine Kombination aus Buddhismus und Daoismus.
◇ Die **Nihilisten** glauben nicht an einen Sinn des Lebens.
◇ Die **Humanisten** glauben daran, dass wir als Individuen unserem Leben einen Sinn geben, indem wir herausfinden, was unsere Bestimmung ist, und diese ausleben.

## CONNIS KUMULATIVER ERFAHRUNGSANSATZ

Wenn wir mal ganz rauszoomen und jedes Wenn und Aber beiseiteschieben, geht es am Ende darum, Freude im Leben zu erfahren. Wobei ich mit Freude nicht nur Spaß meine, sondern Freude, die daraus entsteht, dass wir mit unserer Berufung und Bestimmung verbunden sind. Wir sind aber auch hier auf der Welt, um eine gute Zeit zu haben und das Leben zu genießen. Wenn wir unser Leben nicht genießen und keine Freude daran haben, läuft was falsch. That's it, schlicht und einfach. Es geht nicht darum, uns das Leben schwer zu machen und zu leiden, sondern mit einem Lächeln auf unserem Sterbebett zu liegen, wissend, dass wir im Leben viel Freude gespürt haben.

Oft müssen wir durch das Leiden hindurch, um zur Freude zu gelangen, denn unsere Welt ist von Dualität und Polaritäten geprägt und unsere Seelen wollen wachsen – aber dazu später mehr. Wenn wir Freude empfinden und mit Freude durchs Leben gehen, strahlen wir diese Energie, dieses Licht ganz automatisch und ohne bewusste Anstrengung auch aus und geben es an andere weiter. Das ist der tolle Effekt von Freude!

*Du kannst jeden Tag andere Menschen anstrahlen, und sie werden von dir und deinen Energien berührt und ein klein wenig verändert werden.*

## LICHT UND SCHATTEN

Sicher sind auch dir schon Menschen begegnet, die dich mit ihrer freudigen Energie berührt und etwas davon an dich weitergegeben haben. Dasselbe gilt auch für alle anderen Emotionen – wenn du nur traurig und negativ drauf bist, gibst du auch das an die Welt weiter. Das ist ein wichtiger Grund, weshalb ich mich jeden Morgen in meiner Meditation mit dem Gefühl der Freude und Dankbarkeit verbinde. Beides in Kombination gibt mir das Gefühl, ins Leben verliebt zu sein. Was glaubst du, was es für einen Unterschied macht, damit in den Tag zu starten und der Welt mit dieser Energie zu begegnen?

Nachdem ich erkannt habe, dass der oberste Sinn des Lebens pure Freude ist, haben mich meine Depressionen manchmal noch depressiver gemacht, weil ich einsehen musste, dass ich mich mit meiner Traurigkeit und Negativität am anderen Ende der Freude befand und somit mein Leben keinen Sinn hatte. Depressionen tanzen einem ganz schön auf der Nase herum.

Aber das Gute an diesen sehr dunklen Phasen war, dass sie mich aufgefordert haben, der Frage nach dem Sinn des Lebens noch nachdrücklicher auf den Grund zu gehen und, vor allen Dingen, Tools und Strategien zu entwickeln, die mir nachhaltig helfen, Freude in mir zu spüren. Vieles davon will ich mit dir in diesem Buch teilen. Insofern haben mir meine Depressionen, entgegen all meinen Annahmen, am Ende doch gedient. Ohne sie hätte ich nie so viel gelernt und würde jetzt auch nicht hier sitzen und dieses Buch schreiben. Danke, Depressionen!

## WIE WIR DEM LEBEN SINN GEBEN

Die menschliche Spezies verfügt ja über einen rationalen Geist, der sich erfahren will und sich nicht nur mit seiner reinen Existenz zufriedengibt. Wenn wir in der Lage wären, mit purer Freude und ohne Leiden durchs Leben zu gehen, würde man uns sicher als erleuchtet bezeichnen. Aber das trifft derzeit wohl nur auf wenige Mitmenschen zu, wobei ich glaube, dass die Tendenz steigend ist. Ich halte sogar Tiere für erleuchtet, weil sie ständig nur im Jetzt leben, dem wichtigsten Moment überhaupt. Und wie wir an sehr spirituellen Menschen wie Mooji, Osho, Amma, Eckhart Tolle oder Ram Dass sehen können, ist es durchaus möglich, Erleuchtung zu erlangen. Für diejenigen unter uns, die noch nicht so weit sind, stellt sich die Frage, warum wir hier auf dieser Welt sind und wie wir unserem Leben einen Sinn geben können. Hier meine Antwort: Wir können dem Leben Sinn geben, indem wir…

*Das Leben an sich mag vielleicht keinen Sinn haben – es liegt in unserer Hand, ihm einen Sinn zu geben.*

1. wachsen und lernen – als Mensch und Seele, als Liebhaberin, Yogi, Unternehmerin, Künstlerin… in allen Bereichen des Lebens

2. kreativ werden, um Dinge und Ideen in die Welt zu bringen, zum Beispiel, indem wir schreiben, malen, bauen ... also buchstäblich einen Sinn *erschaffen*
3. geben, teilen und anderen »dienen«, also das weitergeben, was wir erschaffen und was wir in allen Bereichen des Lebens und auf Seelenebene lernen; indem wir uns nicht fragen, »Was kann ich bekommen?«, sondern »Was kann ich geben?«
4. eine erfüllende Verbindung zu uns selbst und zu anderen Menschen herstellen. Wir brauchen das Gefühl, verbunden zu sein, und je tiefer wir mit uns selbst verbunden sind, desto bedeutungsvoller werden unsere Verbindungen zu anderen Menschen.

Um diese vier Lebenssinnpunkte zu verstehen, brauchen wir nur mal in den Wald zu schauen. Was macht die Natur? Sie wächst und gedeiht permanent, nichts ist jemals statisch. Bäume und Pflanzen nehmen von ihrer Umgebung (Sauerstoff, Nährstoffe aus dem Boden), sie kreieren und produzieren (Früchte, Blumen, Pollen ...) und geben sie an ihre Umgebung weiter. In der Natur ist alles miteinander verbunden und in einem Ökosystem vereint.

Als Resultat meiner langen Suche weiß ich heute, dass mein Leben einen Sinn hat, welchen Sinn es hat, wie ich mich jeden Tag mit diesem Sinn verbinden kann und wie ich wieder zu ihm zurückfinde, wenn er mir mal abhandenkommt. Denn machen wir uns nichts vor: Es wird trotzdem Tage geben, an denen Zweifel hochkommen – und das ist okay. Zweifel haben ihre Daseinsberechtigung. Wir dürfen ihnen nur nicht das Steuer in die Hand geben ...

Das beruhigende Gefühl, dass mein Leben einen Sinn hat, welchen Sinn es hat – auch wenn sich die Details und Ausrichtung immer wieder mal verändert – hat mir geholfen, die über Jahre immer wiederkehrende Sinnfrage hinter mir zu lassen. Seither ist ein tiefes Vertrauen in mir.

## WAS IST EIN BEDEUTSAMES LEBEN?

Wenn wir an die Wurzel von Bedeutung gehen, dann hat dein Leben schon allein deshalb Bedeutung, weil du am Leben bist. Punkt, Ende, damit könnten wir jetzt auch das Buch abschließen. Aber mit dieser Antwort wird sich dein Ego nicht zufriedengeben (meins tut es nie). Daher sind hier einige gute Indikatoren für ein bedeutsames Leben:

*Nicht alles, was du tust, muss immer bedeutungsvoll sein. Ich lade dich dazu ein, mehr zu spielen und das Leben mehr als Spiel anzupacken.*

- ◇ Du spürst einen Sinn in deinem Leben und in deiner Arbeit.
- ◇ Du machst die Welt ein bisschen oder viel besser.
- ◇ Du machst einen Unterschied für andere.
- ◇ Du fühlst dich, bei dem, was du tust, lebendig und tust es mit Leidenschaft.
- ◇ Du stellst Erfahrungen über materielle Dinge.
- ◇ Du brichst aus Konventionen aus.
- ◇ Du machst Dinge, die nicht viele Menschen machen.

Für mich hat das Leben Bedeutung, weil ich fühle, dass ich durch meine Arbeit und Kreativität anderen Menschen helfen kann, ein bewussteres und erfüllenderes Leben zu führen. Und weil meine innere Heilarbeit nicht nur mir, sondern auch der Welt zugutekommt. Denn wenn wir uns selbst heilen, heilen wir auch im Kollektiv. Ich fühle mich auch bedeutungsvoll, wenn ich Liebe und Freude an andere weitergeben kann.

Die Auffassung, dass Reichtum, beruflicher Erfolg oder Bekanntheit für Bedeutung sorgen, halte ich für total überholt. Wir können genauso gut ein wunderbares und bedeutsames Leben führen, wenn wir wenig Geld haben, uns kaum jemand kennt und wir keine Karriere machen.

Jetzt könntest du auf die Idee kommen, dass du die Welt auf einer großen Skala verändern musst, um wirklich ein bedeutungsvolles Leben zu haben. Oder, dass »die Welt verändern« ein riesengroßes Ding ist und du noch viel riesengrößere Dinge tun musst, um eine Weltveränderin zu sein. Da mag etwas dran sein, aber das meine ich gar nicht, wenn ich davon spreche, der Welt etwas zu geben. Du kannst die Welt auch verändern, indem du nur einem Menschen hilfst – dir selbst. Und dann einem anderen Menschen. Und dann vielleicht weiteren zehn oder noch mehr. Die Zahl ist irrelevant. Ein Mensch, der sein Licht nach außen trägt, ist schon mal besser als gar keiner. Du musst dir das wie einen Stein vorstellen, der in einen Teich geworfen wird und dann Wellen schlägt. Der Stein bist du.

> *Das Gefühl von Bedeutung empfinden wir, wenn wir anderen Menschen oder der Welt etwas geben, während das Gefühl des Glücklichseins sich daraus ergibt, was du von ihnen bekommst.*

Ein Leben mit Bedeutung hat als Basis ein Warum, eine tiefere Intention, eine Mission. Daher ist es so wichtig, der Frage nach deinem Warum auf den Grund zu gehen. Wenn ich in einer Bedeutungskrise stecke, stelle ich mir die nachfolgenden Fragen. Es sind produktive und inspirierende Fragen, die du dir jeden Tag neu stellen kannst:

◇ Wie kann ich heute wachsen?
◇ Was kann ich heute geben?
◇ Wie kann ich heute lieben?

## SEIN VERSUS TUN

Weißt du, was mein allererstes Buch zum Thema Persönlichkeitsentwicklung war? *Eine neue Erde* von Eckhart Tolle. Ich habe es 2012 im Bücherregal meiner Mutter gefunden und klammheimlich mitgenommen. Warum heimlich? Ich hatte zwar mein sexuelles Coming-out, aber noch lange nicht das als Persönlichkeits- und Spirit-Junkie. Es war mir fast schon unangenehm zuzugeben, dass mich solche Sachen vielleicht doch interessieren.

Damals bin ich durch den bis dato schlimmsten Liebeskummer meines Lebens gegangen und dachte, ich sterbe. Ich hatte zwar davor schon Depressionen und emotionale Einbrüche erlebt, aber nie so akut und heftig. Ich war völlig verloren und hatte keinen Boden mehr unter den Füßen. Bis dahin hatten mich meine innere Welt und Spiritualität oder Persönlichkeitsentwicklung nie so interessiert, auch wenn ich mit einer sehr spirituellen Mutter aufgewachsen bin. Aber dann brauchte ich Antworten auf dringende Fragen: Warum leide ich so sehr? Und vor allem: Wie kann ich aufhören zu leiden?

Eckhart Tolles Buch war für mich der Anfang von allem. Auch er spricht darin vom Sinn des Lebens und von Bestimmung, und das in einer sehr interessanten Art und Weise. Mir hat das damals enorm die Augen geöffnet, und ich habe endlich angefangen, das Leben zu verstehen. Es war, als wäre ich plötzlich aus einem schlafwandelnden Trudeln aufgewacht und habe gesehen, was wirklich abgeht. Von da an ging es steil bergauf mit meinem Bewusstsein und dem bewussten Leben.

*Ohne Eckhart würde ich eventuell dieses Buch nicht schreiben. Na ja, wobei, vielleicht durch Tony oder Osho oder …*

Beim Thema Lebensbestimmung unterscheidet Eckhart Tolle zwischen zwei Bereichen:

◇ erstens dem Hauptsinn: dem Sein
◇ zweitens dem sekundären Sinn: dem Tun.

Unser Hauptsinn ist es, aufzuwachen, zu wachsen, unser Licht zu erwecken und einfach zu sein. Das heißt, dass wir uns erst mal um uns selbst kümmern und die innere Arbeit machen müssen, bevor wir versuchen können, anderen zu helfen und die Welt zu verändern. So viele Leute da draußen laufen mit riesengroßen Rucksäcken an Traumata und Ängsten durch die Welt und versuchen gleichzeitig, ihre Bestimmung und Berufung zu finden, um andere Menschen und die Welt zu verändern. Doch diesen Rucksack müssen wir erst mal ausleeren, bevor wir richtig Gas geben können.

Es ist okay, sich die Zeit zu nehmen, die es braucht, um unsere Schatten ins Licht zu bringen, Traumata aufzulösen und uns unseren Ängsten zu stellen. Als ich begann, mich meinem Inneren zuzuwenden und dort viel zu »werkeln«, ging im Außen erst mal weniger. Mein Business ging nur langsam oder gar nicht voran und neue große Ideen ließen auf sich warten. Aber irgendwann kam der Moment des Umschaltens, und auf einmal habe ich endlos viel kreative Schaffensenergie in meinem Körper gespürt und diese dann in meine Arbeit gesteckt. Solche Phasen sind völlig normal und kommen immer wieder vor. Ich gebe mich ihnen hin und vertraue darauf, dass auch die (äußerlichen) Ruhephasen für die aktiven Phasen wichtig sind.

Je mehr du ins Sein gehst, dich mit dir selbst verbindest und dich selbst wirklich kennenlernst, desto mehr wird deine äußere Bestimmung in den Fokus rücken. Je mehr ich wachse und meine Altlasten transformiere, desto besser kann ich meine Bestimmung und Berufung ausleben und zum Ausdruck bringen.

*Das Leben verläuft in Phasen: Mal passiert mehr im Inneren, mal mehr im Äußeren.*

Das bedeutet: Je mehr Fokus und Energie du deinem SEIN gibst, desto besser wird dein TUN sein. Daher dreht sich dieses Buch auch so viel um das Sein und die innere Arbeit. Auch wenn ich ein extrem großer Fan vom Tun bin, wir können das mit dem Sein nicht überspringen. Das wäre, als wenn du mit sechs Jahren in der ersten Klasse schon das machen willst, was die in der neunten Klasse machen. Aber du bist einfach noch nicht so weit.

## MENSCHLICHE BEDÜRFNISSE UND MOTIVATION

Auf meiner Suche nach Antworten bin ich vor ein paar Jahren auf die Bedürfnispyramide von Abraham Maslow gestoßen. Er erklärt damit die Hierarchie unserer menschlichen Bedürfnisse, die quasi den Grundstein legt für alles, was wir so im Leben tun, und die Basis ist für unsere Motivation.

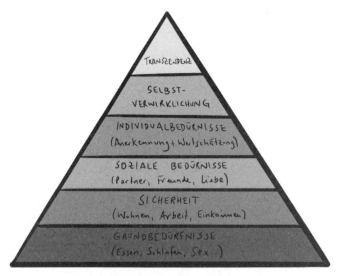

Die Maslowsche Bedürfnishierarchie

Die drei untersten Stufen decken die »Defizitbedürfnisse« ab:

1. die physische Grundversorgung: Essen, Wasser, Sex, Schlaf, Luft und so weiter

2. die persönliche Sicherheit: ein Haus über dem Kopf, ein Einkommen, der Schutz als Person…
3. soziale Beziehungen: Liebe, Familie, Freundschaft, Anerkennung…

Diese Bedürfnisse müssen laut Maslow befriedigt und erfüllt sein, damit man überhaupt so etwas wie Zufriedenheit erfahren kann. Erst danach kommen die Wachstumsbedürfnisse ins Spiel. Sie sind sozusagen das »Nice to have«, das i-Tüpfelchen im Leben und sehr auf uns als Individuum bezogen:

1. individuelle Bedürfnisse wie soziale Anerkennung beziehungsweise Status, Geld, Macht, Karriere
2. Selbstverwirklichung: das Erkennen und Entfalten des eigenen Potenzials – fast an der Spitze der Pyramide
3. Die oberste Stufe ist die der Transzendenz – das Streben nach Höherem: dem Dienst für die Allgemeinheit, Selbstlosigkeit, soziale Gerechtigkeit.

Die Wachstumsbedürfnisse sind praktisch nie zu befriedigen, denn es gibt dabei keine Grenzen nach oben. Die Defizitbedürfnisse sichern hingegen unser Überleben als menschliche Spezies. Wenn die untersten drei Ebenen nicht erfüllt sind, leben wir in Angst und Mangel und können nur schwer auf die nächste Ebene kommen. Denn dann ist unser Kopf voll mit der Frage, wie wir genügend Geld nach Hause bringen, um unsere Familie zu ernähren und die Miete zu bezahlen. Viele Menschen auf der Welt kämpfen jeden Tag um die Erfüllung dieser Grundbedürfnisse und haben keinen Raum dafür, sich Gedanken um die eigene Berufung und Weiterentwicklung zu machen. Bevor also das Thema Selbstverwirklichung überhaupt in unser Bewusstsein rutschen kann, müssen die untersten drei Bedürfnisstufen abgedeckt sein. Erst dann werden Fragen rund um Bedeutung und Sinn richtig wichtig.

## SINNSUCHE IST EIN PRIVILEG

Lass uns mit dieser Frage mal rauszoomen: Warum das Ganze? Mein Kopf hinterfragt gern immer alles – der gewiefte Hund –, damit er jederzeit Zweifel vorschieben kann und nicht langfristig in Frieden leben muss. Wäre ja auch viel zu einfach und entspannt. Daher die große Frage: Warum haben wir überhaupt dieses krasse Verlangen nach Bedeutung im Leben? Was ist es, das uns sogar in die Depression treibt, wenn wir keinen Sinn in unserer Existenz sehen? Besonders hinsichtlich der Umstände auf der Welt, die viele Menschen in die Armut zwingen und gar nicht erst zu dem Privileg kommen lassen, nach ihrer Bestimmung zu suchen. Genau, Privileg!

*Ich fühle mich sehr privilegiert, mir so viele Gedanken um meinen Weg im Leben zu machen und darüber auch noch ein Buch zu schreiben. Denn die meisten Menschen auf dieser Welt haben andere Sorgen.*

Der Punkt ist aber: Dieses Privileg und die Tatsache, dass andere Menschen es nicht haben, sollte dich nicht davon abhalten, trotzdem den Weg der Selbstverwirklichung zu gehen. Denn was hat die Welt davon, wenn du es nicht tust? Sie bekommt mehr von deinem Schatten, von deiner schlechten Laune, deinen negativen Gedanken, deinem Leiden und weniger von deinem Licht…

# DER FAHRPLAN FÜR DEINE REISE

Stell dir vor, dass du mit diesem Buch zur aufregendsten Reise deines Lebens aufbrichst. Und zwar in ein Land, in dem du noch nie warst. Nennen wir es Netona Aina. Das heißt »Unendliches Land« auf Hawaiianisch. Ich war gerade auf Hawaii, und es war unglaublich toll. Warum also nicht ein wenig hawaiianische Energien in diesem Buch versprühen?

Dieses Land namens Netona Aina ist ganz anders als deine Heimat und all die Länder, in denen du bisher warst. Denn es steckt voller unerschöpflicher und ungeahnter Möglichkeiten. Die meisten davon kann sich dein Kopf noch gar nicht vorstellen, und das ist gut so. In Netona Aina darfst du so groß denken, wie du willst – du wirst sogar ermutigt, riesengroß zu denken. Also ganz viel größer als groß. Es gibt hier keine Grenzen, alles ist grenzenlos.

Schüttelst du schon den Kopf mit dem Gedanken: Conni, das ist doch alles totaler Blödsinn? Dann sage ich dir, es ist genau dieser Kopf, der dir einredet, dass Netona Aina Blödsinn ist, weil dieser Kopf gewohnt ist, in Grenzen und Beschränkungen zu denken. Weil er Angst hat und gern bewertet und dich damit davon abhält, wirklich Großes zu schaffen oder deinen eigenen Weg zu gehen. Deine Zweifel sind ein Symptom von inneren Ängsten und uralten Konditionierungen.

Aber keine Sorge, wenn du es schaffst, diese Bewertung jetzt zu ignorieren, wirst du Gelegenheit haben, dir mit diesem Buch ein neues Software-Update runterzuladen – und dann verschwinden die Symptome ganz von selbst. Wenn du hingegen an deinen Begrenzungen festhältst – im Kopf, im Körper, in den Umständen –, dann wirst du sie auch behalten und dir so die Chance nehmen, über dich hinauszuwachsen.

Grenzen existieren nur in unseren Köpfen. Sie sind nicht real, sondern basieren auf Dingen, die wir glauben. Blöderweise können viele von uns sich nur schwer vorstellen, was für tolle Sachen auf der anderen Seite der Grenze auf uns warten, und somit halten wir lieber an dem fest, was wir kennen, auch wenn es nicht sehr geil ist. Vielleicht sagst du auch gern: »Ja, ja, das glaube ich erst, wenn ich es sehe.« Aber versuch doch mal, dich mit dem Gedanken anzufreunden, dass wir die Dinge erst sehen, wenn wir sie glauben. Denn Wissen ist das, was ist – langweilig. Vorstellungskraft und Fantasie sind das, was sein könnte – weitaus aufregender und machtvoller.

Zu abstrakt? Dann versuche ich es mal mit einem Beispiel: 1954 gelang es dem britischen Mittelstreckenläufer Roger Bannister, den Rekord der Vier-Minuten-Meile zu brechen. Bis dato war man überzeugt, dass es für den menschlichen Körper schlicht unmöglich sei, eine (englische) Meile in weniger als vier Minuten zu laufen. Und dann kam Roger und hat das Gegenteil bewiesen. Heutzutage liegt der Rekord sogar bei 3,43 Minuten – ganze 17 Sekunden unter der damals angenommenen physischen Belastungsgrenze. Überleg dir das mal! Und während ich hier an diesem Manuskript arbeite, hat Eliud Kipchoge gerade der Welt gezeigt, dass man einen Marathon unter zwei Stunden laufen kann. Auch das hielt man bis dato für absolut unmöglich – und er liefert uns als erster Mensch den Gegenbeweis.

*Alles in unserem Leben passiert in unseren Köpfen, bevor wir es tun oder bevor es passiert. Unser Vorstellungsvermögen ist eine Superkraft.*

Was sagen uns diese Beispiele? Es ist der Glauben, der uns Grenzen setzt, und es braucht nur eine Person, um diesen Glauben zu verändern und die Grenzen zu verschieben. Und auf einmal machen es viele, weil sie sich die »Erlaubnis« geben. Genauso funktioniert das auch in Netona Aina. Hier hast du die Erlaubnis, aufs Ganze zu gehen, größer zu träumen, als du es je getan hast, UND deine Träume auch auszuleben.

Das mag neu für dich sein, denn so wird uns das ja nicht beigebracht. Vielmehr wird uns die längste Zeit unseres Lebens erzählt, dass wir nicht einfach tun können, was wir wollen. Ich sage dazu Bullshit (und habe das Gefühl, dass ich das in diesem Buch nicht sagen darf, weswegen meine Lektorin das Wort wahrscheinlich in »Schwachsinn« oder so umändern wird, aber wir werden sehen). Wir können sehr wohl tun, was wir wollen, wir können sehr wohl unsere Träume ausleben.

*Träume sind nicht dazu da, um in unseren Köpfen als Luftblasen zu bleiben, sondern dazu, gelebt zu werden.*

Kennst du das, wenn Leute dir von ihren Träumen erzählen und dann so komisch ihre Stimme verändern und »hach ja« sagen? Vielleicht machst du das selbst sogar auch. Allein die Stimme und ihre Wortwahl sagen mir, dass sie selbst nicht an ihre Träume glauben. Wie sollen diese Träume also Realität werden?

In Netona Aina gibt es nur eine Sache, die nicht erlaubt ist: dir einzureden, dass es unmöglich ist, deine Träume zu verwirklichen. Dass du nicht das Können, das Wissen oder die Fähigkeiten hast, dass du es sowieso nicht schaffen wirst... In diesem Fall solltest du das Buch zuklappen und was anderes lesen. Oder aber du versprichst dir jetzt in diesem Moment, dass du dir die Erlaubnis gibst, alle gedanklichen Grenzen zu überschreiten.

### DIE SPIELREGELN IN NETONA AINA

An sich bin ich ja kein Fan von Regeln, aber Ausnahmen bestätigen ja bekanntlich... Vor allen Dingen, wenn es sich dabei um Regeln handelt, die richtig gut für dich sind.

**Regel Nummer 1: Mach viele Fehler**
Hier ist deine offizielle Erlaubnis, zu scheitern und Fehler zu machen. In Netona Aina wird sogar dazu aufgerufen, zu scheitern und auf die Schnauze zu fliegen. Das ist quasi Teil des Weges zu deiner Bestimmung und dazu, dein Ding zu machen. Ohne Scheitern oder Fehler spielst du zu klein.

Wir lernen das natürlich nicht in der Schule oder von unseren Eltern – im Gegenteil, wir lernen, Angst vorm Scheitern zu haben. Weil wir fürchten, dann nicht gut genug zu sein und nicht mehr geliebt zu werden. Aber wenn du weißt, wie eine bestimmte Sache genau funktioniert, dann ist dein Ziel oder Traum nicht groß genug. Mach es größer, mach es schwerer. Wenn wir schwierige Sachen machen, wird das Leben einfacher. Das mag sich paradox anhören, ist aber so.

**Regel Nummer 2: Mach Spiel und Spaß zu deiner Priorität**
Wir Menschen haben ja die Tendenz, uns recht ernst zu nehmen. Wir nehmen hier in Netona Aina sicherlich auch manches ernst, aber nie zu arg, weil sonst der Spaß verloren geht. Und Spaß ist etwas, was ich echt gernhabe und was wir uns alle viel öfter erlauben sollten. Besonders die Erwachsenen unter uns.

Die beste Art, Spaß zu haben? Zu spielen! Und zwar, ohne Erwartungen an uns oder die Aktivität selbst zu haben, ohne Ziel und Grund. Einfach zum Spaß. Als Kinder lernen wir auch am besten durch Spielen. Allerdings glaube ich nicht, dass Spielen etwas mit dem Alter zu tun hat. Wir hören nicht auf zu spielen, nur weil wir erwachsen werden. Sondern wir werden erwachsen, weil wir aufhören zu spielen. Unsere Seele will immer spielen und Spaß haben. Und beides ist auch in diesem Buch sehr wichtig.

Was auf dieser Reise passiert, wird magisch sein: Du wirst wachsen, expandieren und dein Bewusstsein auf eine höhere Ebene heben. Und weißt du, was das ist? Unbezahlbar!

## STATIONEN DER REISE

Es gibt keinen geraden Weg und keine Etappen der Reise, die dich ohne Umwege von A nach B führen. Ich habe den Reiseverlauf, also den gesamten Gestaltungsprozess, in zwei Teile aufgeteilt, die nicht unbedingt linear passieren. Es ist sogar wichtig, dass sie sich überschneiden und asynchron ablaufen. Unser Kopf will ja immer gern Anleitungen Schritt für Schritt folgen und organisiert an ein Ziel kommen. Doch in Wirklichkeit sieht es oft anders aus. Besonders wenn es um so eine essenzielle Sache geht wie unsere Berufung und Bestimmung.

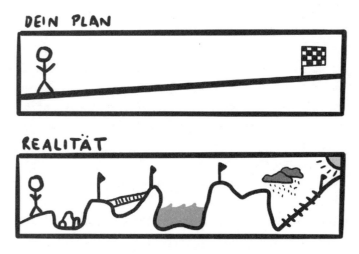

Plan versus Realität

Oft können Logik und unser Verstand die Wege und Umwege nicht erklären, denn manchmal müssen wir erst anfangen und in den Wald gehen, um das Licht zwischen den Bäumen zu sehen. Jeder Schritt, also jede Entscheidung, verhilft uns zu mehr Licht, mehr Erkenntnis, und bringt uns immer näher zu unserer Bestimmung – und schlussendlich zu uns.

Ich wollte den Prozess ursprünglich in zwei Schritte oder Etappen aufteilen, habe mich aber dann doch anders entschieden. Schritte suggerieren ja, wir würden erst einen machen und dann den nächsten. Aber das ist nicht der Fall, daher folgt nun der »eine Teil« und der »andere Teil«. Ich rate dazu, erst mal mit dem einen Teil zu starten. Aber dann kann direkt vermischt und parallel gelaufen werden. Ergibt das Sinn? Sag Ja!

## DER EINE TEIL: INTROSPEKTION

Wenn du noch nicht so wirklich weißt, wohin dein Weg dich führen soll, aber auch wenn du schon gewisse Vermutungen oder mehr Klarheit hast: Der Blick in unser Inneres ist die absolute Grundlage. Zuerst müssen wir unsere eigene Bewusstseins- und Erlebniswelt erkunden, am besten mit:

- ◇ Meditation und mehr Stille finden
- ◇ wichtige Fragen schriftlich beantworten
- ◇ Journaling/Schreiben
- ◇ praktischen Übungen.

## DER ANDERE TEIL: AKTION

Mit Theorien bleiben wir im Kopf, und das ist ja, wie du mittlerweile weißt, nicht der beste Ort. Es kann sogar so sein, dass dich das ganze Im-Kopf-Bleiben und Tausend-Fragen-Beantworten und Übungen-Machen irgendwann verrückt macht, weil zu viel Energie in deinem Kopf ist, die aus deinem Körper raus will, denn wir sind hier, um zu tun und zu kreieren.

Ins Handeln kommen wir am besten durch:

◇ Lernen
◇ Experimentieren und Ausprobieren
◇ Spielen
◇ Kreieren
◇ Fehler machen.

Wie oft hatte ich in der Vergangenheit schon im Kopf beschlossen, dass ich etwas nicht mag: Yoga, Surfen, Marketing, Malen, Spiritualität, Singen … Aber dann habe ich mir die Erlaubnis gegeben, es gegen meinen negativen inneren Kritiker trotzdem auszuprobieren und tada – schau mich heute an. Ein laufendes Paradox sozusagen. Wenn ich eines gelernt habe, dann niemals Nie zu sagen und immer offen für Neues zu bleiben.

Hier ist die magische Formel, die du dir gern auf den Arm tätowieren kannst:

30 % Introspektion + 70 Prozent Aktion => Berufung
und Bestimmung => 100 Prozent dein geiles Leben,
das dich erfüllt und das bedeutsam ist.

Wenn wir nur darüber nachdenken, was wir mit unserem Leben machen wollen, aber nichts TUN, verschwenden wir nur kostbare Lebenszeit. Zudem verlieren wir Vertrauen in uns selbst, je länger wir nicht in Aktion kommen.

Wenn du dich jetzt fragst, wie lange es wohl dauert, bis du dein Ding findest, kann ich das total gut verstehen, aber es ist die komplett falsche Frage gerade. Denn erstens hat jeder eine andere Timeline und einen anderen Ausgangspunkt und zweitens ist die Frage nur am Ziel orientiert, aber dieser Prozess hat eventuell gar kein Ziel. Je mehr du tust und machst und ausprobierst, desto schneller wirst du WIRKLICH Antworten finden. Oft kommen sie, wenn du sie am wenigsten erwartest.

## LESEN IST SILBER – MACHEN IST GOLD

Wie du meinem Reiseplan bis dato schon entnehmen kannst: Das hier ist kein passives Buch. In Netona Aina wird aktiv gelernt. Denn wir lernen nicht durch Konsum von Information, sondern durch Anwendung.

So viele Leute erzählen mir immer wieder, dass sie schon überall nach ihrer Bestimmung gesucht und schon so viele Selbsthilfebücher gelesen hätten, aber ihre Ängste immer noch nicht überwunden haben und immer noch mit denselben Blockaden kämpfen, die sie davon abhalten, voll und ganz ihren Weg zu gehen. Aber all das kann man eben nicht nur im Kopf herausfinden und lösen. Wenn du einfach nur liest und die praktischen Komponenten überspringst, dann hast du vielleicht eine nette Lektüre konsumiert und ein paar interessante Einsichten gewonnen, aber es wird sich nichts in deinem Leben verändern. Du kannst nicht erwarten, dass sich nur durch das reine Lesen etwas verändert. Das wäre so, als würdest du einer Yogastunde nur zuschauen, dich über die schöne Stunde freuen, aber die Übungen nicht machen.

*Der halbe Erfolg ist es, auf der Matte zu erscheinen, der Rest des Erfolges kommt, wenn man wirklich die Arbeit macht.*

## DER WEG IST DAS ZIEL

Wir alle sind mit unserem eigenen Kompass ausgestattet, aber entweder wissen wir gar nicht, dass wir ihn haben, oder wir checken nicht, wie er funktioniert. Also rennen wir dem Kompass anderer Menschen hinterher und ignorieren unseren eigenen. Dein neuer Fahrplan ist, im Einklang mit deiner Seele zu sein. Und ich werde dir zeigen, wie du Fahrplan und Kompass lesen und ihm folgen kannst – und eben nicht dem Mainstream oder veralteten Konventionen. Klar, es ist immer einfacher, jemand anderem zu folgen, der Masse zu folgen. Und es ist nicht einfach, etwas zu tun, was noch nie vorher getan wurde. Menschen werden dich anzweifeln und beurteilen. Das ist normal. Geh einfach unbeirrt DEINEN Weg!

Dabei solltest du dir über Folgendes im Klaren sein:

- ◇ Der Weg ist nicht linear: Es wird hoch und runter gehen. Du wirst supergeile Tagen haben und nicht so tolle.
- ◇ Der Weg führt ins Unbekannte: Du musst Unsicherheiten in Kauf nehmen und dich mit deinen Ängsten auseinandersetzen.
- ◇ Der Weg ist nicht für jeden: Er erfordert ein Sich-Einlassen und Arbeit, die nicht alle gern tun werden.
- ◇ Auf dem Weg wirst du Fehler machen und scheitern: Das ist gut so. Mach trotzdem weiter!

Auf deiner Reise nach und durch Netona Aina geht es also gar nicht wirklich um die Destination. Das ist es ja, was das alles so spannend macht: Es geht nicht um das Ziel, sondern darum, welche Person du auf dem Weg zum Ziel wirst – also um dein Wachstum. Deine Bestimmung zu entdecken und deinen Weg im Leben zu gehen ist kein finales Ziel. Es ist ein immerwährender Prozess, eine Reise, die nie zu Ende geht.

## ABMACHUNGEN ZWISCHEN UNS

- ◇ **Keine Ausreden und keine Selbst-Sabotage**: Die haben dich bis hierher gebracht – und somit nicht funktioniert.
- ◇ **Gib dein Bestes und sei gewillt, Fehler zu machen**: Zweiteres ist Teil von Ersterem. Wenn du keine Fehler machst, gibst du nicht dein Bestes.
- ◇ **Glaube nicht alles, was ich sage**: Nimm die Informationen und Vorschläge und experimentiere mit ihnen.
- ◇ **Öffne dich für Neues, Abwegiges und Verrücktes**: Egal, wie viele Bücher du schon zu ähnlichen Themen gelesen hast oder wie viele Workshops du besucht hast, versuche mit Neugier und Herz an die Sache heranzugehen. Vielleicht findest du bestimmte Ideen und Übungen total doof – ich lade dich ein, dich trotzdem für sie zu öffnen und Neues auszuprobieren (oder altes Doofes).
- ◇ **Gehe Risiken ein**: Das Verlassen der Komfortzone ist das A und O auf diesem Weg.
- ◇ **Bring Geduld mit**: für dich und deinen Prozess. Wenn du zu hohe Erwartungen an dich hast und dich zu sehr unter Druck setzt, wirst du schnell frustriert sein und schneller aufgeben wollen.
- ◇ **Aktion, Baby!**: Komm ins Handeln, so schnell es geht, bevor dir dein Kopf zuvorkommt.
- ◇ **Kein »Das ist aber einfacher gesagt als getan, Conni!«**: Jupp, alles im Leben ist einfacher gesagt als getan. Es ist einfacher, »Liegestütze« zu sagen, als Liegestütze zu machen. Das Argument gilt nicht, denn es trifft auf hundert Prozent aller Umstände zu.

# DAS 1×1 DER KONDITIONIERUNG UND PROGRAMMIERUNG

Um unseren Blockaden und unserer Berufung im Leben auf die Spur zu kommen, müssen wir zuerst uns selbst richtig kennenlernen.

# WER BIST DU WIRKLICH?

»Sei du selbst!« ist ein hübscher, kleiner Rat und ein monströser Brocken in der Umsetzung. Wahrhaftig wir selbst zu sein, bedeutet oft viel innere Arbeit und es kann Jahre dauern, möglicherweise eine Lebenszeit. Wir müssen unsere Konditionierungen und Programmierungen aufspüren, die zahlreichen limitierenden Glaubenssätze und Geschichten, die uns über die Jahre auferlegt wurden: von unserer Familie, der Schule, den Medien und der Gesellschaft. Wir müssen all dies auflösen und uns neu konditionieren: mit einer Programmierung und mit Glaubenssätzen, die uns befähigen, unser bestes Leben zu leben und unser volles Potenzial auszuschöpfen.

Die Sache ist die: Damit du dich voll und ganz ausleben kannst, musst du zuerst nach Innen schauen. Tief nach innen – so wie du es wahrscheinlich nicht so richtig willst. Warum? Weil dieser Prozess unangenehm sein kann und viele Dinge beleuchtet, die du dir lieber nicht anschauen würdest: deine Ängste, deine Schwächen, deine Schattenseiten und all das, was du lieber vermeiden würdest. Die Konfrontation mit uns selbst ist der Punkt, an dem viele aussteigen. Aber wenn du durchkommst und dich wirklich selbst anschaust – das Licht UND die Schatten – und du dem vertraust, was du in dir findest, DANN kannst du dich wirklich voll und ganz sehen. Und dann auch wirklich du selbst sein.

*Wir alle haben eine Bestimmung und endlose Magic in uns. Doch die meisten von uns haben Blockaden und innere Verstopfung. Daher dieses Buch.*

Auf dem Weg wirst du lernen, dich selbst nicht zu verurteilen, weder deine Vergangenheit noch deine tollen Ambitionen.

Du wirst die Grenzen, die du dir selbst gesetzt hast, erkennen und herausfinden, wie du sie auflösen kannst. Meine Hoffnung ist es, dass wir die Sachen, die ich dir in diesem Buch mitgebe, irgendwann in der Schule lernen, und dann braucht es solche Bücher gar nicht mehr.

## WIE SIEHT DEINE WAHRHEIT AUS?

Was bedeutet das überhaupt: meine, deine, unsere Wahrheit? Deine Wahrheit ist das, was du wirklich bist in deinem tiefsten Innersten, im Kern deiner Seele. Es ist die Essenz deines Seins, ohne all die Konditionierung und Programmierung von außen, ohne einschränkende Glaubenssätze und Ängste, ohne all die Erwartungen an dich als Kind und/oder als Erwachsene.

> **DEINE WAHRHEIT BEDEUTET ...**
>
> Alles zu hinterfragen und herauszufinden, was wirklich DEINE Art ist, Dinge in deinem Leben zu tun.
> Basierend auf deinen Werten und Bedürfnissen zu leben.

Die meisten von uns drücken kaum aus, wer sie wirklich sind. Wir leben meist eine verwässerte, angepasste Version von uns selbst. Dennoch ist deine Wahrheit schon immer da. Wir müssen nur das, was oben drauf liegt und sich über die Jahre hinweg angesammelt hat, entfernen. Womit wir wieder bei den Schichten wären. Das, was unwahr ist, muss Schicht für Schicht weg. Denn unsere Konditionierung und unser Mindset legen das Fundament für alles, was wir im Leben erreichen (oder auch nicht) und wie bedeutungsvoll unser Leben schlussendlich ist.

# TIEF SITZENDE PRÄGUNGEN

95 Prozent von dem, was wir als Erwachsene machen, basiert auf unterbewusstem Material aus unserer Kindheit. Lass das mal eben für einen Moment sacken: 95 Prozent unserer Zeit am Tag ist unser Unterbewusstsein am Steuer und es nimmt 70 Prozent unseres Gehirns in Anspruch, das voll ist von alten Programmen aus der Kindheit, aber auch erlernten Gewohnheiten wie Gehen. Unser Gehirn läuft also auf Autopilot, während wir durch den Tag gehen. Unser Bewusstsein mit seiner Kreativität, seinen Wünschen und seinem Verlangen kann denken, während wir Auto fahren oder kochen. Es übernimmt aber nur für fünf Prozent unseres Lebens das Steuerrad. Das bedeutet, dass wir die meiste Zeit unser Leben nach einem Programm aus Überzeugungen leben, das eine Kopie von anderen Menschen ist, vordergründig dem unserer Eltern.

*Von Tag eins unseres Lebens an werden wir konditioniert: von Eltern, Lehrerinnen, Freundinnen, von Medien, Kultur, Vorgesetzten, Arbeitskolleginnen…*

Schon wenn wir bei unserer Geburt den ersten Atemzug nehmen, werden wir mit Regeln und Überzeugungen bombardiert. Dann kommt noch hinzu, was wir während der Schwangerschaft alles wahrnehmen, zum Beispiel, wenn unsere Mutter durch eine schwere Zeit geht und viel Angst spürt. Und ja, auch unsere Vorfahren, unsere Großeltern, Urgroßeltern und so weiter haben Einfluss auf unsere Konditionierung, denn vieles wird weitergegeben. Man sagt, dass wir das Trauma aus sieben Generationen weitertragen – und jetzt überleg dir mal, was in sieben Generationen alles passieren kann!

Wir sind alle höchst programmierbar und saugen alles auf wie ein Schwamm, bis wir etwa sieben Jahre alt sind. Wir laden alles, was wir in unserer Umgebung sehen und hören, herunter – Positives UND Negatives. Wir nehmen durch Beobachtung das Verhalten anderer Menschen in unsere innere, in der Psyche angesiedelten Festplatte auf. In den ersten sieben Jahren funktionieren wir wie ein Videorekorder und leben in einer komplett erfundenen Welt, weil unser Gehirn rein auf Theta-Gehirnwellen läuft, auf deren Basis zum Beispiel Hypnose funktioniert. Daher lernen Kinder in dieser Zeit auch so schnell. Nach den ersten sieben Jahren lernen wir meist nur noch via Wiederholung.

**Typische Programmierungen**
- Geschlecht: Wir sind geprägt durch fest gefügte Rollenbilder und Definitionen darüber, was einen Jungen/Mann und was ein Mädchen/eine Frau ausmacht – und das auch, wenn wir uns bewusst dagegen auflehnen.
- Kleidung und Haare: Hier geben Trends, Geschlecht und soziale Kontexte die Regeln vor.
- Essen: Wir essen drei Mahlzeiten täglich und das, was auf den Teller kommt.
- Schlafen: Ehepaare und Kinder ausgenommen schlafen wir in getrennten Zimmern und etwa acht Stunden am Stück.
- Lernen: Wir gehen 10 bis 13 Jahre in die Schule, machen anschließend eine Ausbildung oder studieren.
- Arbeit: Wir arbeiten nach dem Standardmodell der 40-Stunden-Woche und an einem festgelegten Ort.

## LIMITIERENDE GLAUBENSSÄTZE

Trotz unterschiedlicher Set-ups, die wir alle mitbekommen haben, teilen wir Menschen viele Glaubenssätze und -systeme untereinander. Wir haben gute Glaubenssätze verinnerlicht, die uns bestärken und uns Vertrauen in uns selbst und in die Welt geben, und limitierende Glaubenssätze, die uns wortwörtlich einschränken und begrenzen. Sie halten uns klein und blockieren das, was wirklich möglich ist.

### Die Best-of der einschränkenden Glaubenssätze

- ◇ Meine Berufung oder das, was ich gerne mit meinem Leben machen möchte, ist nicht realistisch und wird kein Geld einbringen.
- ◇ Nicht jeder kann seiner Lebensaufgabe und Leidenschaft nachgehen.
- ◇ Ich habe keine wirklichen Leidenschaften. / Ich habe zu viele Leidenschaften und Interessen.
- ◇ Ich bin nicht besonders oder einzigartig genug. So viele andere machen schon das, was ich gern machen würde.
- ◇ Ich weiß/kann nicht genug. Ich bin keine Expertin.
- ◇ Wer bin ich schon, anderen etwas zu erzählen und Geld mit meiner Leidenschaft zu verdienen – der Autoritätskomplex.
- ◇ Meine Ideen/mein Vorhaben werden niemals funktionieren. Niemand würde mich dafür bezahlen.
- ◇ Ich bin noch nicht so weit – die gute alte Perfektionslüge.
- ◇ Ein gutes Einkommen kann ich nur durch harte Arbeit erzielen.
- ◇ Arbeit kann nicht nur Spaß machen, sie muss hart sein.
- ◇ Ich habe nicht genügend Zeit.
- ◇ Ich bin nicht selbstbewusst genug.
- ◇ Ich bin zu alt / zu jung.
- ◇ Ich verdiene es nicht, ein erfülltes, glückliches Leben zu führen.
- ◇ Ich habe nicht genügend Geld und Ressourcen.

◇ Andere werden mich verurteilen, über mich reden oder mich auslachen.
◇ Ich könnte alles verlieren, vor dem Nichts stehen – und sterben.

Die meisten dieser einschränkenden Glaubenssätze kann man auf eine Formel reduzieren:
◇ Wir denken, wir sind nicht gut genug und nicht liebenswert.

Denn kaum etwas fürchten wir so sehr wie die Angst zu scheitern und den Gedanken, nicht gut genug zu sein. Aber diese Glaubenssätze sind Illusionen und Märchen, sie sind nicht real – auch wenn dir dein Kopf und dein Ego gerade das Gegenteil einreden wollen (was ganz normal ist).

## UNSER TOTER WINKEL

Wie bewusst bist du dir über deine Programmierungen und Glaubenssätze im Kopf? Welche nimmst du einfach so als gegeben hin, ohne sie je infrage zu stellen und auf ihre Gültigkeit zu überprüfen? Wenn du einen Führerschein hast und Auto fährst, weißt du um den Bereich, den wir nicht in den Spiegeln erfassen können: den toten Winkel. Genauso haben wir alle blinde Flecke in unserer Psyche: Wir wissen nicht, was wir nicht wissen. Wir sind uns unserer Programmierung nicht bewusst. Doch

*Wir nehmen, was wir denken, für bare Münze und stellen das, was wir tun und fühlen, nicht infrage.*

unser Unterbewusstsein sucht ständig nach dem, was wir glauben. Wir suchen in unserer Realität das, was unsere Identität bestätigt – und somit befinden wir uns in einem Teufelskreis, aus dem viele nicht herauskommen.

Die große Frage ist: Wie können wir uns diesen blinden Flecken und unserer unterbewussten Programmierung bewusst werden? Die Antwort: Schau dein Leben an und besonders die Bereiche, in denen du ständig kämpfst und strauchelst, wo du dich immer wieder quälst, wo du dich schwertust, wo du leidest, wo es immer wieder mühsam ist. Diese Kämpfe sind die Manifestationen deines negativen Programms. Vielleicht sind es das Geld, dein Berufsleben, deine Liebesbeziehungen oder Themen wie Gesundheit und Sport. Bei allem, was dir in deinem Leben hingegen leichtfällt, hast du ein Programm am Laufen, das dich unterstützt und dir genau das erlaubt. Überall dort, wo du kämpfst und dich sehr anstrengen musst, um es zu erreichen, fehlt dieses positive und unterstützende Programm.

Der erste Schritt auf dem Weg der Veränderung ist die Erkenntnis. Sie befähigt dich dazu, bewusster zu handeln und dein Leben in die Hand zu nehmen. Wenn du nicht erkennst, dass du mit deinen Denkens- und Verhaltensweisen (bewusst und unbewusst) dein Leben gestaltest, wirst du stecken bleiben, wo du jetzt bist. Wenn du nicht erkennst, wie du dich selbst sabotierst, kannst du nicht aus dem Teufelskreis aussteigen.

## SPIELARTEN DER SELBSTSABOTAGE

Selbst wenn wir ein Ziel oder Verlangen haben, das wir ganz bewusst erreichen wollen, halten wir uns oft durch unsere unbewusste Programmierung selbst fest und lassen unsere Ängste das Steuer übernehmen: Wir sabotieren uns selbst. Manchmal wissen wir das, aber oft ist es uns auch nicht klar. Besonders wenn es darum geht, unseren Weg zu gehen und unserer Berufung nachzugehen, sabotieren wir uns selbst ins Koma.

Schau mal, ob dir die folgenden Selbstsabotage-Strategien bekannt vorkommen.

## Selbstsabotage-Strategien

**Perfektionismus:** Der Versuch, keine Fehler zu machen, und das übertriebene Streben nach Perfektion. In anderen Worten: ein Ding der Unmöglichkeit. Perfektionisten haben ultrahohe Ansprüche an sich selbst und manche sind sogar stolz, wenn sie verkünden, Perfektionisten zu sein. Aber in Wirklichkeit ist es keine Stärke. Perfektionismus ist die Angst, nicht gut genug zu sein, kritisiert zu werden und/oder zu scheitern.

**Prokrastination:** Das Aufschieben von Aufgaben. Wir machen es nicht nur bei Dingen, die wir machen müssen, sondern auch bei solchen, die wir machen wollen. Das hat oft auch mit der Angst zu tun, etwas von Bedeutung zu kreieren oder etwas zu kreieren, das unsere eigenen Ansprüche nicht erfüllt. Also scrollen wir lieber auf Instagram, schreiben E-Mails oder widmen uns anderen Aufgaben, die leichter sind (und somit auch weniger bedeutsam erscheinen).

**Überrationalisierung/Überdenken:** Wir planen, strategisieren, grübeln und analysieren – aber eins machen wir nicht: handeln. Zu viel planen ist Prokrastination in ihrer schönsten Ausführung, denn wir glauben, wir tun etwas, halten uns aber eigentlich von dem ab, das uns wirklich vorwärtsbringen würde. Denken ist passiv und hält uns fest.

**Auf den perfekten Moment warten:** Wenn du immer auf den richtigen Moment wartest, um etwas zu tun oder anzufangen, wirst du für immer warten: auf das neue Jahr, auf deine abgeschlossene Ausbildung, darauf, dass die Kinder aus dem Haus sind oder du in einer neuen Wohnung lebst... Der perfekte Moment existiert nicht. Aus diesem Grund bist du wahrscheinlich auch heute da, wo du bist – weil du wartest. Und selbst wenn der perfekte Moment kommt, findest du neue Ausreden, nicht endlich anzufangen.

**Einen parallelen sichereren Schattenweg wählen:** Nur zu gern entscheiden wir uns für Berufe oder Ausbildungen, die nahe dran sind an dem, was wir wirklich gern tun wollen, aber eben doch nicht ganz unser eigentliches Ding sind. Also nehmen wir mal an, du arbeitest bei einem Verlag, willst aber tief in dir drin selbst Autorin sein und Bücher schreiben. Du willst professionelle Musikerin sein, arbeitest aber im Instrumentenhandel. Oder du willst dein eigenes Business starten, bleibst aber stattdessen in einem Job im Verkauf bei einer Firma hängen.

**Ablenkung:** Du füllst dein Leben mit endlosen Aktivitäten, die den Ruf deiner Bestimmung überdröhnen. Viel ausgehen, Social Media, Reisen, immer anderen helfen etc.

---

### ERKENNE DEINE SABOTAGE-STRATEGIEN

Welche Strategien benutzt du bewusst und unbewusst, um deinen Weg nicht zu gehen und deine Wahrheit, deine Berufung nicht auszuleben? Nimm dir 5 bis 10 Minuten Zeit, um sie zu identifizieren und was dir dazu in den Sinn kommt aufzuschreiben. Es ist superwichtig, dass du dir all dessen bewusst wirst. Das ist einer der wichtigsten Schritte auf dem Weg zu deiner MAGIC.

---

### SACKGASSE »MITTELMÄSSIGKEIT«

Warum bleiben so viele Menschen in Mittelmäßigkeit stecken? Weshalb führt die Masse in unserer Gesellschaft ein eher durchschnittliches Leben? Ich meine das Wort »Mittelmäßigkeit« dabei gar nicht wertend, sondern beschreibend: Ausbildung gefolgt von Angestelltenjob mit mittelmäßiger Erfüllung, gefolgt von Familie und mehr Karriere. Die Menschen, die wirklich ihre Wahrheit entdecken und dann auch ausleben, sind definitiv immer noch in der Minderheit. Die Zeiten verändern sich zwar gerade immens und die Magic Revolution (wie ich sie gern nenne) ist voll im Gange – doch trotzdem: Warum gehen manche voll aufs Ganze und leben ihre Berufung trotz aller Hindernisse und warum tun es so viele nicht?

Der größte Hinderungsgrund ist das tief sitzende Verlangen nach Sicherheit, kombiniert mit der fehlenden Bereitschaft zu scheitern. Denn das würde ja bedeuten, dass wir nicht gut genug sind – und vor diesem Gefühl rennt die halbe Menschheit davon! Wir knüpfen unseren Selbstwert an unsere Leistungen und Erfolge, anstatt ihn in uns selbst zu suchen und zu finden. Das ist reine Konditionierung und nichts, was fest vorgegeben oder irgendwo im Universum festgelegt ist.

Wir finden Sicherheit in einer Ausbildung, weil uns erzählt wird, dass wir nur so einen vernünftigen Job finden. Wir finden Sicherheit in einem »vernünftigen Job«, weil uns erzählt wird, dass dies die beste Option ist, jeden Monat unseren Lebensunterhalt zu bestreiten. Wir finden Sicherheit in Eheverträgen, in Versicherungen und so weiter und so weiter.

Aber Sicherheit ist eine Illusion und oft nur temporär, denn wenn dein Job oder deine Partnerschaft wegbricht – und das können sie jederzeit –, geht sie den Bach runter. Dennoch halten diese vermeintliche Sicherheit und die Angst vor dem Scheitern viele in ihrem Käfig der Mittelmäßigkeit. Und dort erkennen sie nicht, dass wir Fehler machen MÜSSEN, um zu lernen, und ohne Fehler nicht wirklich wachsen können, denn unsere Wachstumsrate beschleunigt sich, je mehr wir scheitern.

Der zweite Grund für das Verharren in Mittelmäßigkeit ist die bereits im Kapitel Selbstsabotage erwähnte Lust an Unterhaltung und Ablenkung: Neues zu lernen und sich aktiv weiterzuentwickeln ist eben sehr viel anstrengender und schwieriger, als einen Abend lang mit Freundinnen auszugehen, Netflix zu schauen oder im Internet zu surfen. Statt uns am Lernen und Wachstum zu erfreuen, machen wir kurzfristiges Vergnügen und schnelle Belohnungen zu unserer Priorität.

Diese Kluft zu erkennen, ist der erste Schritt. Und dann muss die innere Arbeit folgen. Je mehr ich über die Jahre in die Tiefen meines Selbst vorgedrungen bin und Licht in meine Dunkelheit gebracht habe, desto klarer wurde meine Mission, desto authentischer wurde meine Arbeit und desto schöner die Reise in ein bedeutungsvolles Leben.

*Wirkliche Sicherheit können wir am Ende des Tages nur an einem einzigen Ort finden: in uns selbst.*

Die freiwillige Reise nach innen und die Begegnung mit unseren Schatten kosten Mut und Kraft. Aber auch wenn dieser Prozess nicht einfach ist, so ist er notwendig, um voll in unser Licht kommen zu können und unsere Wahrheit auszuleben. Ein großer Teil unserer Reise ist die Konfrontation mit Kindheitserfahrungen, Traumata und Gefühlen, die wir unterdrücken und nicht in unser Selbst integriert haben. Dazu gehört auch, sich anzusehen, welche Talente, Qualitäten und Potenziale wir nicht entwickeln konnten.

Schließ dich nicht denen an, die aufgeben, wenn sie nicht schnell genug ihr Ding finden. Falle nicht auf deine Ängste herein! Es ist superwichtig, dass du genau identifizierst, was dich auf deinem Weg zurückhält. Du musst selbst entscheiden, ob dein volles Potenzial es wert ist, deine Ängste zu besiegen, oder ob du dich lieber weiterhin kleinmachst und dich anpasst. Du wirst dann entweder den Mut aufbringen, deinem Weg zu folgen, oder nicht. Am Ende ist es nur deine Wahl.

# UNSER MINDSET-FUNDAMENT

Zwei Menschen können genau dieselbe Sache erleben und völlig verschiedene Erfahrungen dabei machen. Stell dir vor, Marie und David stecken beide im Stau, hier in Los Angeles, wo ich gerade diese Zeilen tippe. Hier gibt es viel Stau. Marie sitzt in einem der Autos, David in einem anderen, beide in derselben Welt und gleichzeitig in unterschiedlichen Welten. David ist total genervt, regt sich auf und schimpft über die Stausituation. Marie freut sich, weil sie zusätzliche Zeit geschenkt bekommt, um auf dem Weg nach Hause ihre Lieblingspodcasts zu hören und um mit ihrer Mama zu telefonieren. Zwei Menschen. Dieselbe Situation. Zwei unterschiedliche Erfahrungen.

*Alles, was wir fühlen, hören, riechen und sehen, interpretieren wir auf der Basis unserer vergangenen Erfahrungen und Glaubenssysteme.*

Warum ist das so? Weil jeder Mensch seine Welt und das, was in ihr passiert, anders erlebt. Je nach Interpretation des Erlebten sind wir glücklich, traurig, aufgeregt, dankbar, wütend, verletzt oder inspiriert. Eine Situation kann für mich und für dich die gleiche sein, doch wie wir darauf reagieren und darüber denken, hängt vom Blick durch unsere Mindset-Brille ab.

Das Wort Mindset selbst kann vielfältig übersetzt werden. Aber im Grunde ist es ganz simpel: Dein Mindset ist deine Einstellung. Es ist die Art und Weise, wie du denkst und fühlst, wie du Informationen filterst und verarbeitest und auf Situationen reagierst. Es ist sozusagen die Software, mit der wir unser Leben steuern. Im besten Fall ist diese Software kraftvoll programmiert und befähigt uns, unser volles Potenzial auszuleben. Und viele der inneren Stimmen und Überzeugungen, die wir hören und aufnehmen, sind tatsächlich liebevoll und unterstützend – aber viele davon sind auch verurteilend, herablassend und schroff. Was daraus entsteht und dich blockiert ist ein schöner, fetter Smoothie aus Ängsten und limitierenden Glaubenssätzen mit einer Extraportion an diesen Sachen:

◇ Trennung von dir selbst beziehungsweise du kennst dich selbst nicht wirklich gut.
◇ Du folgst deinem Kopf mehr als deinem Herzen und Körper.
◇ Du glaubst nicht an dich selbst und vertraust dir selbst nicht.
◇ Du experimentierst nicht genug und probierst nicht genügend Sachen aus.
◇ Du kommst nicht schnell genug in Aktion und bleibst im Kopf hängen.
◇ Du vertraust nicht den Dingen, die dich begeistern und erlaubst dir nicht, ihnen ernsthaft zu folgen

Das Resultat ist: Du erzählst dir und mir, dass du keine Bestimmung hast, nicht weißt, was dein Ding ist. Dein Mindset zu verstehen ist ein wichtiger Schritt, um zu erkennen, welche Blockaden dich bisher davon abgehalten haben, mit Vollgas deinen Weg zu gehen – und um sie dann aufzulösen.

## STARRES MINDSET VERSUS WACHSTUMSORIENTIERTES MINDSET

Vermeidest du Herausforderungen? Hast du große Angst davor, zu scheitern? Wiederholst du negative Glaubenssätze in deinem Kopf immer und immer wieder? Glaubst du, dass du in vielen

Bereichen unbegabt bist? Genierst du dich vor deinen eigenen Schwächen oder Fehlern? Dann ist dein Mindset eher unflexibel. Carol Dweck, eine Pionierin in der Mindset-Forschung, hat dafür zwei Kategorien bestimmt:

1. ein unflexibles, starres Mindset und
2. ein flexibles, wachstumsorientiertes Mindset.

Beide werden von gegensätzlichen Überzeugungen bestimmt:

| **Starres Mindset** | **Wachstumsorientiertes Mindset** |
|---|---|
| Scheitern ist die Grenze meiner Fähigkeiten. | Scheitern ist eine Möglichkeit zu wachsen. |
| Ich bin entweder in etwas gut oder nicht. | Ich kann alles erlernen, was ich möchte. |
| Talent hat man oder hat man nicht. | Meine Anstrengungen und Einstellungen bestimmen meine Fähigkeiten |
| Ich mag es nicht, herausgefordert zu werden. | Herausforderungen helfen mir zu wachsen. |
| Wenn ich frustriert bin, gebe ich auf. | Wenn etwas schwer ist, kann ich dabei viel lernen. |
| Feedback und Kritik sind persönlich gemeint. | Feedback ist konstruktiv. |
| Ich bleibe bei dem, was ich weiß und kann. | Ich mag es, neue Dinge auszuprobieren. |

In welchem Mindset erkennst du dich wieder? Persönlichkeiten mit einem wachstumsorientierten Mindset halten sich nicht unbedingt für hochbegabt, aber sie sind der Überzeugung, dass jeder besser werden kann, wenn er daran arbeitet. Sie strengen sich wesentlich häufiger an, trotz Niederlagen. Ihre Frustrationstoleranz ist offenbar deutlich höher.

## FÜLLE- VERSUS MANGELDENKEN

Auch das Konzept »Fülle versus Mangel« bildet einen Kontrast im Mindset und hat Einfluss auf so ziemlich alles in deinem Leben. Für Menschen mit einem Mangel-Mindset gibt es nie genug: Geld, Liebe, Zeit... Daher sind sie oft in Konkurrenzdenken, Eifersucht und Missgunst verhaftet. Sie kritisieren und verurteilen andere Menschen gern für ihren Reichtum an Geld oder Erfolg. Sie geben ihr Wissen oder ihre Ideen ungern (kostenlos) weiter, denn andere könnten damit ja zu einer Konkurrenz werden und mehr Erfolg haben.

Auf der anderen Seite haben wir die Menschen, die mit ihrem Mindset mehr in der Fülle verankert sind – und somit meist auch mehr von allem haben als die Mangelmenschen. Sie vertrauen darauf, dass genug für alle da ist – denn ja, es gibt sogar unendlich viel für uns alle. Sie erkennen, dass kein Limit an Geld und Liebe und Erfolg auf dieser Welt existiert. Füllemenschen sind optimistisch, was die Zukunft angeht, sie erlauben sich, groß zu denken und Risiken einzugehen. Sie sind dankbar und selbstbewusst und gönnen anderen all ihr Glück.

*Mangelmenschen halten das Glas für halb voll und meinen, alles sei begrenzt. Sie denken klein und scheuen sich davor, Risiken einzugehen.*

## ENTMACHTETES MINDSET VERSUS ERMÄCHTIGTES MINDSET

Auf der einen Seite gibt es Menschen, die denken, dass das Leben GEGEN sie passiert. Und auf der anderen Seite sind die Menschen, die daran glauben, dass das Leben FÜR sie passiert – egal wie schrecklich die Umstände oder Ereignisse sind, die ihnen widerfahren.

Erstere benutzen meist Ausreden und sprechen in »Ja, aber«-Sätzen. Sie geben gern äußeren Faktoren für alles vermeintlich Negative in ihrem Leben die Schuld, für das, was sie nicht erreichen, und für ihr Scheitern.

Letztere übernehmen volle Verantwortung. Sie wissen, dass sie die Macht haben über ihr Leben.

Auch wenn wir in unserer Kindheit ein großes Trauma erfahren haben – nein, es ist nicht unsere Schuld, was passiert ist, aber es liegt in unserer Verantwortung, das Trauma aufzuarbeiten und zu heilen, damit wir daran wachsen können. Wenn du die innere Kapazität hast, dein Mindset auszuweiten und Verantwortung für alles, was in deinem Leben passiert, zu übernehmen, wird sich eine große Transformation vollziehen.

*Wenn du darauf vertraust, dass jede Herausforderung und Krise eine Möglichkeit ist, zu lernen und zu wachsen, anstatt dich zum Opfer zu machen, kannst du deine Segel anpassen und weiter mit dem Leben surfen, dich ihm hingeben und dem, was es dir mitgeben will.*

Mein Ziel ist es, dir nicht nur das einhundertunderste Ratgeberbuch auf den Nachttisch zu legen, sondern dich dazu zu befähigen, dass du wirklich, wirklich etwas veränderst und deinen Weg gehst.

### WIE GEHST DU DURCHS LEBEN?

◇ Passiert das Leben für dich oder gegen dich?
◇ Wie würde es sich anfühlen, wenn es immer und zu jeder Zeit für dich passieren würde, egal wie negativ du eine Situation bewertest?

# VON MÄRCHEN, MYTHEN UND FALSCHEN ANNAHMEN

Unsere Eigenwahrnehmung, das Kennenlernen des Selbst, unserer Gedanken, unserer Ängste, Verhaltensmuster und Glaubenssätze sind essenziell, um unser volles Potenzial ausleben zu können. Denn wie wollen wir wirklich Bedeutungsvolles tun, wenn wir mit einem schweren Rucksack an Traumata, Ängsten und unterdrückten Gefühlen durch die Welt gehen? Das ist wie mit angezogener Handbremse fahren. Wie wollen wir uns wirklich selbst erkennen, wenn wir uns viele Anteile in uns nicht ansehen wollen?

## MACHTVOLLE GEISTER: UNSERE GLAUBENSSYSTEME

Wir alle haben einen inneren Dialog am Laufen und erzählen uns die ganze Zeit, während wir denken, endlose Storys. Ständig führen wir Gespräche mit uns selbst darüber, wer wir sind, welche Entscheidungen wir täglich treffen, über die Dinge, die wir tun, über andere Menschen... Wir sind innerlich ständig am Labern und Interpretieren der Welt und unserer Umgebung. Völlig normal. Unser Hirn ist ja auch dazu da zu denken.

Wichtig ist aber zu erkennen, dass viele dieser Stimmen und Inhalte da drin nicht von uns selbst kommen, auch wenn das naheliegend scheint. Da wir ja ständig in unserem Kopf sind und weder in der Schule noch von unseren Eltern lernen, unsere Gedanken objektiv anzuschauen, ist es natürlich, sie einfach so hinzunehmen, ohne sie zu hinterfragen. Es ist einfach, das, was wir denken, als das zu akzeptieren, was wir denken. Bis – ja bis – jemand kommt und uns eine andere Story erzählt oder bis wir anfangen, die Dinge und unsere Sichtweise auf uns und auf die Welt mal richtig zu beleuchten.

Das meiste von dem, was in unserem Kopf stattfindet, basiert auf alten Geschichten, »Märchen« und Glaubenssätzen. Am Ende des Tages können wir uns alles glaubhaft machen, wenn unser inneres Softwaresystem offen dafür ist und wir es oft genug wiederholen. Wenn ich dir mit überzeugenden Argumenten lange genug einrede, dass der Himmel nicht blau, sondern grün ist – könnte ich dich irgendwann vielleicht davon überzeugen. Sachen, die wir uns immer wieder erzählen, glauben wir selbst dann, wenn sie gar nicht stimmen. So geschehen bei den Leuten, die an Verschwörungstheorien oder Chemtrails glauben oder daran, dass die Erde doch eine Scheibe ist. Andere Menschen glauben an Religionen und verschiedene Götter oder dass Menschen mit einer bestimmten Hautfarbe besser und intelligenter sind als andere. Rassismus, Homophobie und Religionskriege basieren auf Glaubenssystemen und sind im Grunde artifiziell und erfunden von uns Menschen, um uns das Leben zu erklären, damit unser Gehirn strukturierter mit der Welt und ihren vermeintlichen Gefahren umgehen kann.

> *Jede Kultur hat ein individuelles Glaubenssystem und Konventionen, an die sich die (meisten) Mitglieder halten.*

Auch wie du dein Leben lebst und was du als richtig oder falsch, gut oder schlecht bewertest, basiert auf einem Glaubenssystem, das du verinnerlicht hast. Dass wir die Farben Rosa mit Mädchen und Blau mit Jungs in Verbindung bringen, ist nicht so, weil es eine biologische Gegebenheit ist, sondern weil es uns so vorgelebt wurde, die Medien uns so programmieren und wir es womöglich nicht mehr anzweifeln.

Viele Teile in unseren Glaubenssystemen haben ihre Wurzeln in Urängsten. Die größte Urangst ist die Angst vor dem

Tod. Kurz danach kommt die Angst, dass wir nicht liebenswert oder gut genug sind. Am Ende des Tages können wir alle anderen Ängste auf diese drei zurückführen. Wenn wir glauben, dass wir nicht gut genug oder nicht liebenswert sind, glauben wir, dass wir nicht genug Liebe erhalten, aber wir glauben, dass wir die Liebe von anderen brauchen, um zu überleben. Wenn wir nicht geliebt werden, so unsere Programmierung, sterben wir. Was, rein biologisch und solange wir Babys sind, auch stimmt. Wir brauchen als Menschen das Gefühl von Verbindung und Liebe, um zu überleben und, schlussendlich, um ein wirklich erfülltes Leben zu führen.

*»Das ist halt so« oder »das wurde schon immer so gemacht« sind oft Ausreden von Leuten, die ihre Realität, Denkweisen und Gewohnheiten nicht hinterfragen.*

## MÄRCHEN, DIE WIR UNS SELBST ERZÄHLEN

Das meiste, was du und viele andere da draußen über das Finden und Ausleben einer Berufung denken, ist mit hoher Wahrscheinlichkeit nicht wahr. Lass uns mal für einen Moment die geläufigsten Annahmen (oder auch Mythen) rund um das Thema Berufung und Lebensaufgabe anschauen und wie das Ganze in der Wirklichkeit aussieht.

**Märchen Nummer 1: Es gibt nur eine wahre Berufung und ich muss diese eine für mich finden.** Unwahr. Du kannst mehrere Berufungen im Leben haben. Deine Berufung kann sich immer wieder verändern. Ich habe schon mehrere Ausführungen an Berufungen gelebt und weitergegeben – und voraussichtlich werden noch einige in meinem Leben dazukommen.

**Märchen Nummer 2: Deine Berufung springt eines Tages aus dem Sack und dann ist auf einmal alles total klar.** Unwahr.

Oft erfolgt dies in einem Prozess, der langsam und Schritt für Schritt Klarheit bringt. Mal hier eine Idee und Einsicht, dann wieder Wochen oder Monate gar nichts. Dann noch mal ein Schub. Dann wieder Stillstand. Manchmal schleicht sich eine Berufung auch an und wir merken es erst später oder brauchen eine Weile, bis wir die Puzzleteile zusammenbringen. Es ist eher selten, dass sich der Lichtschalter mit der ultimativen Erkenntnis auf einmal automatisch umlegt.

**Märchen Nummer 3: Deine Berufung ist das Ergebnis eines Denkprozesses.** Unwahr. Klarheit gewinnst du nicht durch Denken, sondern durch Tun und viel Ausprobieren. Deine Berufung wird nicht plötzlich in deinem Kopf auftauchen, weil du lange darüber nachgedacht hast. Vielmehr werden dort Verknüpfungen geschaffen, während du Erfahrungen machst – und diese geben dir irgendwann Klarheit.

**Märchen Nummer 4: Eine Berufung muss groß und weltverändernd sein.** Unwahr. Sie kann klein sein und nur einen Menschen verändern. Größe sagt nichts über die Bedeutung und Relevanz der Berufung aus.

**Märchen Nummer 5: Eine Berufung ist synonym mit Geldverdienen und Karriere.** Unwahr. Es ist sicherlich eine erfüllende Kombination, wenn sich Berufung und Einkommen treffen. Doch eine Berufung kann zum Beispiel auch Freiwilligenarbeit, ein Nebenberuf oder eine unentgeltliche Tätigkeit sein. Alles ist möglich.

**Märchen Nummer 6: Nicht jeder Mensch auf dieser Welt hat eine Berufung/Lebensaufgabe.** Unwahr. Jeder Mensch hat eine Aufgabe mit seinem Leben hier. Nur die wenigsten gehen auf die innere Reise, um es herauszufinden.

**Märchen Nummer 7: Ich muss Expertin sein, um erfolgreich mit meiner Berufung zu sein.** Unwahr. Du musst nur ein paar Schritte vor den Menschen sein, denen du helfen willst. Du musst nicht Film studieren, um die Welt mit deinen Videos zu verändern. Du musst nicht Literatur studieren, um für Tausende Menschen online schreiben zu können. Du hast Erfahrung und Wissen, das von unschätzbarem Wert ist, wenn du aufhörst, dich mit anderen zu vergleichen.

**Märchen Nummer 8: Meine Berufung muss einzigartig sein.** Unwahr. Viele entdecken ihre Berufung und reden sie sich dann aus, mit dem Grund, dass schon so viele Menschen dasselbe machen, ein ähnliches Business gestartet haben oder eine ähnliche Message haben. Doch erstens: Niemand ist du. Keiner hat deine Persönlichkeit, deine Geschichte, deine Stimme. Und zweitens: Wer sagt denn, dass es für die Welt ein Bedarfslimit gibt für das, was du zu bieten hast? Dieser Gedanke ist ein Beispiel für Mangelbewusstsein. Verbinde dich mit deiner inneren Fülle und erkenne, dass es genügend Platz für alle gibt, die wirklich gewillt sind, der Welt ihr Herzblut zu geben.

## NEGATIVE MÄRCHEN PRÄGEN SICH BESSER EIN

Als Kreaturen der Evolution sind wir darauf bedacht, so lange wie es geht zu überleben. Daher waren unsere Vorfahren immer sehr auf der Hut vor Gefahren. Doch das hat starken Einfluss auf unser Gehirn, und zwar durch den sogenannten *Negativity Bias*, auch Negativitätseffekt genannt. Er beschreibt die Tatsache, dass selbst bei gleicher Intensität Dinge negativer Natur, wie un-

*Etwas sehr Positives hat in der Regel weniger Einfluss auf das Verhalten und das Denken eines Menschen als etwas ebenso Emotionales, aber Negatives.*

angenehme Gedanken, Emotionen oder soziale Interaktionen, aber auch traumatische Ereignisse einen größeren Einfluss auf den psychischen Zustand und die Denkprozesse besitzen als neutrale oder positive Dinge.

Diese negative Verzerrung der Realität war vor Tausenden von Jahren überlebenswichtig, denn damals war es wichtig, sich zu merken, welche Früchte giftig sind, wo Gefahren lauern oder Raubtiere jagen. Alle Erfahrungen und Sinneseindrücke wurden deshalb analysiert und für die Zukunft gespeichert. Vermutlich liegt es unter anderem an diesem evolutionären Erbteil, dass auch heute noch Menschen an negativen Erinnerungen kleben bleiben, selbst wenn sie durch diese blockiert werden.

## AFFEN IM KOPF

Wir alle denken ungefähr 60 000 Gedanken am Tag, das sind über 2000 Gedanken pro Stunde. Ungefähr siebzig bis achtzig Prozent davon sind entweder belanglos (Oh, ein Vogel!) oder negativ (Was für ein hässlicher Vogel!). Das heißt, nur zwanzig bis dreißig Prozent unserer Gedanken sind aktiv positiv.

Aber wer ist das überhaupt, der diesen Geschichten und Bewertungen in deinem Kopf zuhört, und wer erzählt sie? Wer liest diese Worte? Wer denkt deine Gedanken? Wer ist diese Stimme in deinem Kopf? Als ich mich vor vielen Jahren zum ersten Mal damit auseinandergesetzt habe, war ich überrascht zu erkennen, dass ich alles, was in meinem Kopf abging, mein Leben lang für bare Münze genommen habe. Ich habe mich, wie die meisten Menschen, eins zu eins mit meinen Gedanken identifiziert und mich ihnen ausgeliefert gefühlt (klassisches Opferdenken). Dann fing ich langsam an zu meditieren und habe gelernt, dass Gedanken nur Wolken in meinem Bewusstsein sind. Ich habe drei wichtige Dinge erkannt:

1. Ich muss nicht allen Gedanken glauben, nur weil sie da sind.
2. Ich kann beeinflussen, was für Gedanken ich denke.
3. Ich bin nicht die Erfinderin meiner Gedanken.

Daher ist das Praktizieren von Achtsamkeit so sinnvoll, denn dadurch können wir lernen aufzuhören, uns mit unseren Gedanken und Gefühlen zu identifizieren und auf sie zu reagieren. Zwischen Gedanke und Reaktion existiert nämlich ein Raum, in dem wir entscheiden können, wie wir auf jemanden oder eine Situation reagieren, und dieser Raum wird größer, je mehr wir meditieren. Wir müssen anfangen, unser inneres Kopfkino zu stoppen, und unsere Rolle als Hauptdarstellerinnen gründlich reflektieren – damit wir aussteigen und unser eigenes Ding und unsere eigenen Regeln machen können.

Mal abgesehen davon, dass unsere Gedanken unsere Gefühle beeinflussen und somit unsere Realität erschaffen, haben sie auch Effekte auf unseren Körper und unsere physische Gesundheit. Negative und gestresste Gedanken können einen erhöhten Blutdruck, Muskelanspannungen und einen beschleunigten Atem verursachen. Das setzt unseren Körper unter Stress, und Stress ist zufällig einer der häufigsten Krankheitsursachen. Nur mal so am Rande, damit du verstehst, wie entscheidend der Inhalt unserer Gedanken für unser Leben ist.

*Wir können unsere Geschichten und Glaubenssätze verändern und somit unser ganzes Leben.*

Die Tatsache, dass wir in unseren Gedanken nicht wirklich frei sind, sondern konditioniert und programmiert, fand ich erst mal total frustrierend und machtraubend. Aber dann habe ich gelernt, dass ich mich ja auch neu konditionieren und ein neues Betriebssystem installieren kann oder zumindest ein Update. Also von Conni 1.0 auf 1.5 und dann 2.0 und dann 3.0 Betaversion und so weiter. Wir kennen das ja alle von Windows und unseren iPhones. Das bedeutet, wenn du dein Leben aktiv gestalten oder verändern möchtest, musst du deine Gedanken und Gefühle ändern, denn sie sind es, die deine Realität erschaffen. Du musst dein Mindset und deine täglichen Gewohnheiten ändern. Denn das Wichtigste bei all dem ist: **Du bist das Bewusstsein, das deine Gedanken und Gefühle erfährt. Du bist der Beobachter deiner Gedanken und Gefühle. Aber du bist nicht deine Gedanken oder Gefühle.**

## DER INNERE KRITIKER

Zu den Affen, die in unserem Kopf herumtoben, gehört für viele von uns auch ein innerer Kritiker. Er trichtert uns ständig einschränkende Glaubenssätze ein, bewertet uns und führt destruktive Gespräche mit uns. In unserer Kindheit hatte er eine wichtige Aufgabe – ob du es glauben willst oder nicht. Er hat sich aus der Kritik unserer Eltern heraus, durch ihre Gebote und Verbote mit der Zeit zu einer Art Selbstschutzsystem entwickelt. Seine Aufgabe war es, uns vor schlechten Erfahrungen und Gefühlen zu schützen. Aber heute sabotiert er uns und hält uns davon ab, Neues zu wagen und mit Leichtigkeit in ein neues Leben zu gehen. Noch Jahre später spielen wir die Stimme unserer Eltern als inneren Kritiker immer wieder ab. Wir sind nicht mit ihm geboren, er wird uns aufprogrammiert.

◇ Unser innerer Kritiker redet gern in »Immer oder nie«-Extremen.
◇ Er redet uns gern Schuld ein.
◇ Er setzt die Lupe gern auf unsere Schwächen.
◇ Er fokussiert auch gern auf potenzielle Katastrophen, um uns Angst zu machen.

Überleg dir mal, wie gemein wir oft zu uns selbst sind: »Boah, Conni, da hast du dich ja ganz schön blamiert bei dem Vortrag.

Fand bestimmt jeder scheiße und langweilig. Alle anderen Speaker waren viel besser als du.« Oder: »Dein neues Video ist echt nicht gut, wird keine Sau mögen. Du wirst nie eine gute Filmemacherin. Es nimmt dich doch eh keiner ernst, du warst ja auch gar nicht auf der Filmschule.«

Ganz schön heftig, oder? Das sind aber keine Märchen, sondern Selbstgespräche. Woher die kommen? Wie gesagt: vordergründig von unseren Eltern und Lehrern. Es sind deren Stimmen, die wir verinnerlicht haben. Oder aber das, was wir aus ihrem non-verbalen und nicht-liebevollen Verhalten geschlussfolgert haben und uns als Kinder dazu gebracht hat, uns negative Sachen einzureden, weil wir es nicht besser wussten. Mit der Zeit und über die Jahre hinweg hat das zu einem großen Mangel an Selbstliebe und Selbstwert geführt. Und all das hält uns erfolgreich davon ab, unseren Weg zu gehen und ein wirklich erfülltes Leben zu führen.

So gemein und negativ wie mit uns selbst würden wir wohl kaum mit unseren besten Freunden sprechen! Du etwa? Oder mit einem kleinen Kind? Aber wir tun es mit uns selbst. Stell dir vor, ein kleines Kind würde in der Schule wegen seiner neuen Frisur ausgelacht werden und es würde dir weinend davon erzählen. Würdest du sagen: »Selbst schuld, du dummes Gör! War doch klar, dass deine bescheuerte Frisur nicht gut ankommt.« Ich gehe mal davon aus, dass du ein gutes Herz hast und niemals auf diese Idee kommen, sondern das Kind in den Arm nehmen und seine Tränen trocknen würdest.

*Wir haben Mitgefühl mit anderen Menschen und mit Tieren, aber nicht mit uns.*

Und weißt du was? Genau so sollten wir uns auch selbst behandeln und so zu uns sprechen. So, als würden wir mit einem Fünfjährigen sprechen oder mit einer unserer besten Freundinnen.

## DIE ILLUSION DER ANGST

Ich persönlich lerne unglaublich gerne etwas darüber, wie unsere Psyche und unser Körper funktionieren, sodass ich beiden (und meinen Ängsten) nicht einfach so ausgeliefert bin. Wenn wir bestimmte Reaktionen und Prozesse in uns verstehen, verlieren sie ihre Power und wir erkennen, dass wir im Fahrersitz sind und Einfluss auf uns und unser Leben haben.

Auch Ängste basieren auf unwahren Geschichten, die wir uns immer wieder erzählen. Gedanken bewirken Gefühle, Gefühle bewirken Gedanken. Angst ist eine physische Reaktion, eine Emotion auf Gedanken oder Trigger in deiner äußeren Umwelt. Einschränkende Glaubenssätze rufen Reaktionen in deinem Körper hervor, die wir dann als Ängste wahrnehmen.

*Ängste und einschränkende Glaubenssätze sind eng verbunden – beide lösen sich gegenseitig aus. Aber beides sind nur Konstrukte, sie sind nicht real.*

Wenn du dir bisher deiner Glaubenssätze und Märchen nicht bewusst warst, dann aber zumindest deiner Ängste. Deine Ängste haben dich vielleicht in deinem Job festgehalten. Oder davon abgehalten, endlich mit etwas Neuem zu starten, zu kündigen, dein Studium abzubrechen, deine ungesunde Beziehung zu beenden, alleine um die Welt zu reisen, was auch immer. Deine Ängste halten dich davon ab, DEIN Leben zu leben.

Doch genau wie dein Glaubenssystem sind deine Ängste nicht starr. Du musst dich ihnen nicht für den Rest deines Lebens ausliefern. Im Grunde sind sie wie Illusionen an Gedanken und Gefühlen, die wir glauben und als wahrhaftig ansehen, weil wir sie schon so oft gedacht und gefühlt haben. Wir sabotieren uns selbst, um unsere Ängste und Glaubenssätze zu bestätigen. Und diese Selbstsabotage ist nichts anderes als innerer Widerstand – der Widerstand, uns aktiv mit unseren Ängsten zu konfrontieren und mit ihnen zu arbeiten.

## MODELL ANGSTSPIRALE

◇ Du kreierst den Angstgedanken in deinem Kopf.
◇ Dein Körper gerät in Panik, weil er denkt, dass er bedroht ist und eventuell sterben wird = evolutionäre Kondition, auch Kampf-oder-Flucht-Reaktion genannt.
◇ Du reagierst auf deine Gedanken im Kopf, um dich zu beschützen.
◇ Du denkst diesen Gedanken immer wieder. → Der Gedanke wird in deinem Kopf zu einem einschränkenden Glaubenssatz. → Der Gedanke verursacht jedes Mal wieder Angst in deinem Körper.

Das Ganze ist wie ein Prozess in virtueller Realität, denn dein Körper kann nicht unterscheiden, ob das Ganze im realen Leben oder nur in deiner Vorstellung passiert. Er weiß nicht, dass es ja gar nicht wirklich um Leben oder Tod geht. Um es unverblümt auszudrücken: Du verarschst dich selbst. Klar, wir kommen mit allen möglichen Ausreden und guten Gründen daher, um nicht das zu tun, was wir wirklich machen wollen. Aus Angst.

### Die All-Stars der Ängste

◇ Die Angst vor dem Unbekannten: Das Bekannte, wenn auch schmerzhaft, ist bequem – denn wir wissen, was wir erwarten können.
◇ Die Angst vor Veränderung: Veränderungen können unbequem sein und verlangen, dass wir unsere Familie und unseren Freundeskreis damit konfrontieren, dass wir Jobs kündigen, unsere Ängste anschauen

- ◇ Die Angst zu scheitern: Wir haben Angst davor, andere und uns selbst zu enttäuschen. Was werden andere denken, wenn wir es nicht schaffen? Was wird passieren, wenn wir scheitern?
- ◇ Die Angst, verurteilt zu werden.
- ◇ Die Angst, zurückgewiesen zu werden.
- ◇ Die Angst, nicht gut genug zu sein.
- ◇ Die Angst vor Verantwortung: Mit mehr Macht kommt auch mehr Verantwortung. Viele von uns sind nicht bereit, eine größere Rolle einzunehmen.
- ◇ Die Angst, andere zu enttäuschen: Weil wir unser Ding machen und uns eventuell verändern (sehr wahrscheinlich sogar).
- ◇ Die Angst vor unserer eigenen Größe: Es kann überfordernd sein, voll in unser großes Potenzial zu steigen, weil es nicht mit unserer alten Identität übereinstimmt. Es ist wie in die pralle Sonne zu schauen.
- ◇ Die Angst, die falschen Entscheidungen zu treffen.
- ◇ Die größte Angst von allen: Ich bin nicht gut genug und bin es nicht wert, geliebt zu werden. Diese Angst bedeutet in unserer inneren Kindwelt den Tod.

Unser Kopf mit all seinen wilden Gedanken bringt uns ständig in den Überlebensmodus, um uns vor dem Tod zu schützen – und das meistens völlig unnötig. Doch leider denkt unser Kopf, dass fast alles den Tod bedeuten kann. Unser Kopf denkt, wenn wir etwas Neues starten, könnten wir scheitern und das könnte den Tod bedeuten. Er denkt, dass wir sterben könnten, wenn uns andere Menschen verurteilen. Wenn wir etwas falsch machen, könnte das den Tod bedeuten. Wenn wir nicht gewinnen, wenn sich jemand über uns

*Die meisten von uns haben eine tiefe Angst davor, sich komplett zu zeigen und ihre Kreation, ihre Träume mit der Welt zu teilen.*

lustig macht oder wir nicht genügend Geld verdienen, werden wir sterben.

Am Ende lassen sich alle Ängste auf einen fehlenden Selbstwert zurückführen. Wir denken, dass wir nicht mehr akzeptiert und geliebt werden, wenn wir scheitern, wenn wir unser Ding machen, wenn wir falsche Entscheidungen treffen, wenn wir uns verändern. Wir denken, dass wir nicht gut genug sind, wenn andere nicht mögen oder ablehnen, was wir tun, schaffen oder sagen. Deshalb lassen wir uns von unseren Ängsten bestimmen. Sie halten uns in einem Gefängnis fest.

Aber den Schlüssel zu diesem Gefängnis halten wir selbst in der Hand. Was wir meistens am dringendsten tun sollten, ist das, wovor wir am meisten Angst haben. Wie Ralph Waldo Emerson schon so schön gesagt hat:

»Tue das, was du fürchtest, und das Ende der Furcht ist gewiss.«

# WIE DU VERÄNDERUNGEN AUF DEN WEG BRINGEN KANNST

Wenn wir es schaffen, unsere inneren Hindernisse aus dem Weg zu räumen, können wir alle äußeren Hindernisse überwinden.

# WO BIST DU UND WO WILLST DU HIN?

Lass uns dieses Kapitel mit einer Bestandsaufnahme beginnen. Denn es ist wichtig, dich selbst ernsthaft und ehrlich einzuschätzen, wenn du wirklich eine Veränderung bewirken und deine Wahrheit ausleben willst. Erstelle dein ganz persönliches »Magisches Gutachten« und mach dir klar, wo du gerade stehst und wo du in sechs Monaten sein willst. Warum sechs Monate? Weil ich glaube, dass es etwa so lange dauert, um wirkliche, bleibende Veränderungen zu schaffen.

Für diese und andere Übungen habe ich ein Arbeitsblatt vorbereitet, das du dazu nutzen und dir von meiner Website **www.findyourmagic.de** herunterladen kannst. Du kannst aber auch einfach ein Blatt Papier nehmen und es in drei Spalten unterteilen: JETZT, BLOCKADEN und ZUKUNFT.

Statt ganz allgemein solltest du dir die Fragen für die folgenden Lebens- und Themenbereiche stellen:

- Arbeit/Business und Karriere
- Bestimmung und Vision
- Finanzen
- Gesundheit, Fitness und Ernährung
- Spiritualität
- Einstellung zum Leben
- Beziehung zu dir selbst
- Beziehung zu deiner Familie
- Liebesbeziehungen
- Freundinnen und Soziales Leben

◇ Hobbys und Spaß im Leben
◇ Wohnort und Wohnsituation.

Ich empfehle dir sehr, diese Aufgabe per Hand aufzuschreiben. Warum? Es ermöglicht dir Zugang zu deiner rechten Gehirnhälfte, wo unsere Kreativität, Intuition und Emotionen herkommen. Und das ist ein sehr mächtiger Ort, an dem du sein solltest, während du diese Aufgabe machst.

---

**DEIN MAGISCHES GUTACHTEN**

Nutze mein Arbeitsblatt oder ein Blatt Papier. Nimm dir 15 Minuten Zeit und sei ehrlich mit dir selbst. Hier geht es nicht darum, dir oder jemand anderem etwas zu beweisen – hier geht es darum, Klarheit zu finden für deinen weiteren Weg. Diese Übung ist essenziell und ich rate dir, sie nicht zu überspringen.

◇ Beginne mit der linken Spalte, dem JETZT: Wo in deinem Leben befindest du dich gerade?
◇ Überspringe die mittlere Spalte und fülle als Nächstes die Spalte ZUKUNFT aus: Beantworte dir die Frage, wo du in sechs Monaten sein willst.
◇ Widme dich als Letztes der mittleren Spalte, deinen BLOCKADEN. Dies ist die eigentliche Arbeit. Was ist im Weg? Was sind Hindernisse, um das zu erreichen, was du dir für die Zukunft vorgenommen hast? Beispiele dafür können sein: keine Zeit, kein Geld, fehlendes Wissen, mangelnde Kompetenzen, andere Menschen, dein innerer Kritiker, Ängste, einschränkende Glaubenssätze…

---

→ *Das ausführliche Arbeitsblatt »Magisches Gutachten« findest du unter www.findyourmagic.de*

## RASEREI AUF AUTOPILOT

Wir alle düsen oft viel zu schnell durchs Leben, wollen möglichst viel erleben und lenken uns gern ab. Ständig läuft das Radio, wir hören Podcasts und verbringen ganze Nächte mit Netflix oder Social Media. Wir arbeiten viel, schreiben endlose To-do-Listen, haben am liebsten ständig Menschen um uns, gehen abends aus... und sind gestresster als je zuvor.

Welt und Wirtschaft wollen, dass wir beschäftigt sind, mehr Sachen kaufen, uns immer beeilen und uns immer ablenken. Das System an sich ist liebevoll ausgedrückt »verkorkst«, und viele Dinge laufen ziemlich daneben. Was diese rasende Geschwindigkeit und das ständige Tun mit uns macht? Es trennt uns von uns selbst. Und das so sehr, dass viele Menschen da draußen nicht mal mehr zwei Minuten in Ruhe mit sich selbst sitzen können. Sie können Ruhe im Außen und besonders im Inneren gar nicht mehr aushalten, weil sie süchtig nach Beschäftigung sind und danach, ihren Geist zu kontrollieren.

Wir investieren so viel von unserer Zeit in Dinge, die wir gar nicht wirklich tun wollen oder die uns nicht guttun. Und gleichzeitig finden wir es fast unmöglich, zwanzig bis dreißig Minuten am Tag einer Sache zu widmen, die die Richtung unseres Lebens ändern könnte. Wie zum Beispiel Meditation.

Dabei ist Meditation das geilste Werkzeug im Leben schlechthin. Es ist der direkte Zugang zu dir selbst. So viele Antworten, nach denen wir suchen, sind schon immer da, aber wir blockieren sie mit uns selbst. Je ruhiger wir werden, je mehr wir unser Leben entschleunigen, desto mehr können wir hören

*Meditation ist das Eingangstor, um unsere Wahrheit zu leben und unsere Bestimmung zu entdecken.*

und spüren. Desto präsenter sind wir in unserem Leben und können wirklich im Moment sein. Desto mehr können wir uns näher kennenlernen und uns mit uns selbst verbinden. Durch das regelmäßige Üben von Achtsamkeit und Stille können wir uns nicht länger vor uns selbst verstecken. Wir lenken damit unseren Blick auf innere Blockaden und Barrieren, die wir aufgebaut haben, um uns vor der nackten Erfahrung zu schützen. Abgesehen davon hilft uns Meditation, zu entspannen, Stress abzubauen und auf Ereignisse im Leben nicht einfach automatisch zu reagieren.

## STOPPTASTE MEDITATION

Meditation öffnet den Raum zwischen Reiz und Reaktion. Mit mehr Übung kannst du lernen, dass es dazwischen einen Mini-Moment gibt. Und genau in diesem Sekundenbruchteil hast du die Wahl: die Wahl zu entscheiden, wie du reagieren willst. Also zum Beispiel zwischen dem Augenblick, in dem dir jemand die Vorfahrt nimmt, und dem Reflex, auf die Hupe zu drücken und Verwünschungen auszustoßen.

Dasselbe kann dir in Situationen helfen, in denen du Angst spürst oder dich dein innerer Kritiker auseinandernimmt. Du kannst auf einmal zum Beobachter werden, erkennen, was gerade in dir abgeht, und neue Entscheidungen treffen.

Meditation hilft dir, bewusster und wacher durchs Leben zu gehen. Und der Prozess des Bewusstwerdens ist entscheidend, denn darin liegt deine Erlösung und deine wirkliche Freiheit im Leben. Die Freiheit, die ich jahrelang im Außen gesucht habe, auf Reisen ganz besonders, war nie da draußen. Sie war immer in mir drin, doch ich musste erst das Bewusstsein entwickeln, um zu sehen, dass die Reise in die wirkliche Freiheit nach innen geht und nicht rund um die Welt. Mein Ego war erst mal überhaupt nicht einverstanden, aber ich habe ihm beigebracht, damit klarzukommen, und mittlerweile findet es die innere Reise auch cool. Meditation und Yoga haben mein Leben komplett verändert und mich durch die härtesten Zeiten meines Lebens gebracht. Als ich dachte, an meinen eigenen Schatten-Gedanken zu zerbrechen, hat Meditation mir gezeigt, wie ich Ruhe in meinen Kopf bringen kann, und Yoga hat mir beigebracht, mich mit meinem Körper zu verbinden.

Es geht auch gar nicht nur um die Zeit, die du meditierend verbringst, sondern um die dreiundzwanzig Stunden und dreißig Minuten, die du nicht meditierst. Dann nämlich entfaltet sich die Magie. Die Zeit, in der du aktiv meditierst, ist wie dein Training im Fitnessstudio oder deine Yogastunde. Die Effekte spürst du vor allem in den Stunden danach. Wenn du es noch nicht tust, dann öffne dich für Meditation und Yoga. Beides wird dir auf deinem Weg zu dir selbst und zu einem bedeutungsvollen Leben ungemein helfen.

*Wenn du deine Magic, deine Bestimmung und ein nachhaltig erfüllendes Leben erkunden willst, musst du nach innen gehen.*

Ich werde dir keine Anleitung zur Meditation aufschreiben. Dazu gibt es zu viele tolle Lehrer und Smartphone-Apps, die ein Intro-Programm anbieten, zum Beispiel *Headspace*, *Calm* und *7Mind*, die App *Insight Timer* mit vielen kostenlosen Meditationsanleitungen und auf Englisch auch *Waking Up* von Sam Harris. Außerdem bieten viele Yogastudios und buddhistische Zentren Meditationskurse an.

Auch zum Yoga-Üben gibt es jede Menge nützlicher Apps wie *Asana Rebel*, *Down Dog* oder *Yoga Easy*. Im besten Fall besuchst du einen Einführungskurs in einem Yogastudio in deiner Nähe. Falls möglich, lohnt es sich, unterschiedliche Lehrer auszuprobieren, da jeder eine andere Persönlichkeit hat und andere Yogastile lehrt. Ich mache am liebsten Vinyasa oder Hatha Yoga und ab und an auch gern Yin-Yoga zum Entschleunigen.

Wenn du noch nicht täglich meditierst, ist das ein guter Zeitpunkt, damit anzufangen. Selbst wenn du am Anfang nur zwei Minuten schaffst – mach es! Nutze eine der erwähnten Apps oder setz dich einfach nur auf dein Bett, die Couch oder einen Stuhl. Am besten morgens, unmittelbar nach dem Aufstehen. Sicher wird dir immer mal wieder eine Stimme sagen, dass sie nicht meditieren, sondern aufstehen will. Doch wer ist diese Stimme? Sag ihr, dass es sicher und okay ist, weiter in Ruhe zu sitzen, dass es in diesem Moment, diesen Minute der Stille nichts gibt, was gerade gemacht werden muss, und dass Sitzen mit geschlossenen Augen völlig ausreicht.

### EINSTIEG IN DIE MEDITATION

◇ Sitze für fünf Minuten in Stille. Verbinde dich mit deinem Atem. Spüre deinen Körper.
◇ Stelle eine Frage, die du an dich oder das Universum hast.
◇ Warte, was passiert und in dir hochkommt. Höre zu. Höre rein. Spüre.
◇ That's it. Meditation ist simpel, aber nicht einfach.

→ *Eine geführte Morgenmeditation von mir findest du auf www.findyourmagic.de*

# LÖSE DEINE ÄNGSTE UND BLOCKADEN AUF

Ängste und Blockaden aufzulösen ist Schwerstarbeit. Mal eben seinen eigenen Weg zu gehen und seine Bestimmung im Leben zu finden ist eine Mission, kein kurzer Sprint (auch wenn Social Media uns das oft weismachen will). Wir können nicht nur an der Oberfläche bleiben, wir müssen in die Tiefe gehen. Wir müssen das, was wir rational verstehen und lernen, im nächsten Schritt auch verkörpern, also spüren. Erst wenn du die neue Programmierung und Konditionierung auch in deinem Körper spürst, ist das Update langfristig erfolgreich.

Das ist meiner Meinung nach auch der Grund, weshalb Affirmationen und positives Denken an und für sich nur wenig bringen. Denn dabei bleiben wir auf der Kopfebene. Aber wenn wir unsere Programmierung auf der unterbewussten Ebene aktualisieren wollen (da wo der entscheidende Großteil unserer Konditionierungen beziehungsweise unsere Ängste und Glaubenssätze sitzen), reicht das nicht. Wir können mit unserem Unterbewusstsein nicht nur mit Worten sprechen.

Das Loslassen von uralten Denk- und Verhaltensmustern ist nicht von heute auf morgen möglich, doch es geht dabei auch um den Prozess und den Weg und all das, was wir währenddessen lernen (so doof und klischeehaft sich das auch anhört). Um etwas zu verändern und Großes zu erreichen, sind ein wirkliches Verständnis und eine Reflexion unserer Verhaltensmuster der wichtigste erste Schritt. Ohne haben wir vielleicht den Willen, aber nicht die Freiheit, das große Ganze zu sehen, das uns befähigt, der Opferrolle zu entkommen.

Um unsere einschränkenden Glaubenssätze durch unbegrenzte Glaubenssätze zu ersetzen und um Angst in Liebe zu verwandeln, müssen wir zuerst identifizieren, was uns zurückhält. Das kannst du auf zwei Ebenen tun.

**Durch Schreiben:** Setze dich schreibend mit deinen Ängsten, limitierenden Glaubenssätzen und Blockaden auseinander. Dadurch wirst du dir immer mehr deiner Konditionierung bewusst. Und Bewusstsein schafft Raum für Neues. Ich empfehle dir, im besten Fall jeden Morgen deinen Gedanken zwei bis drei Seiten lang freien Lauf zu gewähren und schreibend deine Erfahrungen und Gefühle zu reflektieren.

**Durch Austausch und Feedback:** Sprich über deine Ängste und Blockaden mit Freundinnen, Partner oder Partnerin, Familienangehörigen, einem Coach oder einer Therapeutin. Zusätzlich oder alternativ dazu gibt es tolle Gruppen auf Facebook, wo du dich mit anderen austauschen kannst, die im selben Boot sitzen.

---

**GIB DEINEN BLOCKADEN EINEN NAMEN**

◇ Was sind deine einschränkenden Glaubenssätze im Hinblick darauf, deine Berufung zu finden, sie auszuleben und deinen Weg zu gehen?
◇ An welchen veralteten Geschichten und Märchen hältst du fest und erzählst sie dir immer wieder?
◇ Was sind deine größten Ängste? Schreib sie auf.
◇ Welche limitierenden Glaubenssätze behindern dich. Schreibe alles auf, was in deinem Kopf mit »Ich kann nicht ...« oder »Ich sollte ...« oder »Ich muss ...« oder »Ich habe Angst, dass ...« oder »Ich weiß nicht wie ...« anfängt.

Nimm dir zur Vorbereitung die Zeit und beantworte die folgenden Fragen, am besten schriftlich. Dabei geht es nicht um Perfektion. Zensiere dich nicht und redigiere deine Worte nicht. Denke nicht viel nach, hau einfach alles raus, was dir in den Kopf kommt. Lass es fließen.

## PROGRAMMIERE DEIN MAGIC-MINDSET

Die wirklich gute Nachricht ist: Egal, wo du mit deinem Mindset bist, es ist nie zu spät, dich komplett neu zu programmieren und dir ein wachstumsorientiertes, flexibles Fülle-Mindset anzueignen. Bis vor einiger Zeit glaubte man, dass sich unser Gehirn ab einem bestimmten »Point of no return« so gut wie gar nicht mehr weiterentwickeln würde und dass es von da an nur noch sehr schwer möglich wäre, neue Fähigkeiten und Verhaltensweisen zu erlernen oder unsere Persönlichkeit zu verändern. Neuere Erkenntnisse beweisen jedoch, dass unser Gehirn durchaus und sogar bis ins hohe Alter hinein in der Lage ist, zahllose neue Verknüpfungen, Strukturen, Signaturen sowie frische Muster anzulegen und sich dadurch dauerhaft neu zu organisieren und zu restrukturieren. Diese beeindruckende Fähigkeit wird »Neuroplastizität« genannt.

Unser Gehirn ist also immer in der Lage, sich zu verändern und neu anzupassen. Wir können mit viel Übung und Wiederholungen (Gewohnheiten) neue Neuronen-Autobahnen im Gehirn bauen. Je weniger wir dann die alten Autobahnen (veraltete Gedanken und Glaubenssätze) benutzen, desto schneller verschwinden sie. Stell dir nur mal vor, du würdest deine Energie und Aufmerksamkeit gedanklich auf deine tolle Zukunft ausrichten. Und das in derselben Art, wie du sie in deine selbstlimitierenden Gedanken und Zweifel

*Durch Offenheit entsteht Raum für Weiterentwicklung. Stillstand wäre der Tod.*

investierst. Stell dir vor, du würdest mehr Vertrauen in dich und dein Leben haben, statt deinen Ängsten Raum zu geben... Was wäre alles möglich?!

Transformation ist immer möglich. Wir können unsere Software jederzeit aktualisieren. Was du dazu brauchst? Eine riesige Portion Offenheit und den Willen, alles, was dein Kopf derzeit glaubt, infrage zu stellen. Wenn wir dein Mindset gemeinsam neu aufsetzen, ist es, als würden wir zuerst das Unkraut entfernen, um dann so richtig in die Arbeit einzusteigen, die dich deiner Berufung, deinem Weg und deinem bedeutungsvollen Leben näherbringen wird.

### EIN NEUES MINDSET

◇ Nimm ein Blatt Papier oder dein Notizbuch und schreibe dir auf, welche Art von Glaubenssätzen du dir oft erzählst.
◇ Formuliere zu jedem Glaubenssatz einen positiven Gegenpart, der eine Handlungsoption enthält und Gestaltungsspielräume eröffnet. Schau dir dazu die nachfolgende Tabelle und auch das Kapitel »Unser Mindset-Fundament« auf Seite 61 an.
◇ Formuliere auch zu weiteren Glaubenssätzen, die dir dabei einfallen, neue wachstumsorientierte Aussagen und schreibe sie auf, damit du dich immer an sie erinnerst.

| Unflexibles Mindset | Wachstumsorientiertes Mindset |
|---|---|
| Ich bin darin nicht gut. | Was verstehe ich nicht? Was entgeht mir? |
| Sie ist so klug. Ich werde niemals so klug sein. | Ich werde herausfinden, wie sie das macht. |
| Ich gebe auf. | Ich werde einige der Strategien benutzen, die wir gelernt haben. |
| Das ist zu schwer. | Das mag etwas Zeit und Aufwand brauchen. |
| Ich kann das nicht besser machen. | Ich kann mich immer verbessern, also bleibe ich dran. |
| Ich kann Mathe einfach nicht. | Ich werde mein Gehirn in Mathe trainieren. |
| Ich habe einen Fehler gemacht. | Fehler helfen mir, besser zu lernen/werden. |
| Das ist gut genug. | Ist dies wirklich meine beste Arbeit? |
| Plan »A« hat nicht funktioniert. | Gut, dass das Alphabet mehr als 25 Buchstaben hat. |

## LASS DEINE ÄNGSTE LOS

Das Loslassen von Kontrolle war für mich eine der wichtigsten Lektionen und mein größter Befreiungsschlag überhaupt. Es hieß, das Leben und die Umstände nicht mehr ständig kontrollieren zu wollen und sich voll dem Ungewissen und Unbekannten hinzugeben. Als ich aufgehört habe, mir ständig Gedanken darüber zu machen, was andere von mir denken und was nicht alles falsch laufen könnte, bin ich Schritt für Schritt freier geworden. Loslassen und die Kontrolle aufgeben – das ist Freiheit.

Wie das gehen soll, fragst du dich vermutlich. Wie sollst du loslassen können, wenn deine Ängste dich fest im Griff haben? Und die größte Frage überhaupt: Wie kannst du dich dem Griff der Angst entwinden und deine Ängste bekämpfen? Diesbezüglich verrate ich dir jetzt zwei großartige Geheimnisse:

**Geheimnis Nummer 1: Ängste bekämpfen ist die total falsche Strategie.** Wir sind nicht im Krieg mit unseren Ängsten. Sie haben durchaus eine Daseinsberechtigung. Aber wir haben gelernt, dass Ängste bedeuten, dass wir schwach sind, dass Ängste der Feind sind. Dabei wollen unsere Ängste eigentlich nur eins: Gesehen, gefühlt und geliebt werden.

**Geheimnis Nummer 2: Du überwindest Ängste nicht, indem du vermeidest, was dir Angst macht.** Du überwindest Ängste, indem du sie fühlst und das, was dir Angst macht, dann trotzdem tust. Ich weiß, uns wurde immer beigebracht, vor Dingen, die uns Angst machen, wegzulaufen. Aber ich fordere dich heraus, das Gegenteil zu tun.

Denn, um es mit den Worten des Führungsexperten Robin Sharma zu sagen: »Die Ängste, die wir nicht konfrontieren, werden zu unseren Grenzen.« Am Ende des Tages gibt es dafür keine Abkürzung und keine »fünf schnellen Hacks«. Ängste helfen uns zu wachsen und immer, wenn ich merke, dass mir etwas Angst bereitet, weiß ich, dass das genau mein Weg ist. Wenn ich Angst vor etwas habe, gehe ich in die Richtung der Angst, weil ich weiß, dass ich dadurch wachsen kann.

Wenn wir unseren Ängsten wirklich in die Augen sehen, sie annehmen und verstehen UND durch sie hindurchgehen, während wir etwas tun, kann die Angst nicht anders als kleiner werden. Und je öfter du dann eine Sache machst, desto leichter wird es dir fallen. Wenn du das erste Mal zum Bungee-Jumping gehst, hast du sicherlich große Angst, während du da am Abgrund stehst. Aber wenn du jede Woche drei Mal zum Bungee-Jumping gehst… Glaubst du nicht, dass du nach einem Monat kaum mehr Angst haben wirst?

Wir können unseren Mut trainieren und wir können unseren Körper trainieren, damit er nicht von unserem Kopf kontrolliert wird. Wenn du wartest, dass die Angst von alleine verschwindet, wirst du für immer und ewig warten. Wenn du denkst, dass es reicht, Bücher darüber zu lesen – dann wirst du grau und alt werden und mit deinen Ängsten sterben.

Zu handeln, während wir Angst haben, geht total gegen unsere Konditionierung und unsren inneren angelernten Impuls. Aber schau dir nur mal kleine Kinder an. Wenn ich im Meer beim Surfen bin, sehe ich immer wieder kleine fünf- oder sechsjährige Kids, die, ohne mit der Wimper zu zucken, in Wellen reinpaddeln, die mir als Erwachsene richtig Angst machen. Das kann ja eigentlich nur bedeuten, dass meine Angst hausgemacht und in meinem Kopf zu Hause ist.

*Ängste gehen nicht einfach von alleine weg, sondern indem du dich ihnen stellst und dich mit ihnen anfreundest.*

Das Interessante ist auch, dass ich irgendwann festgestellt habe, dass Ängste und limitierende Glaubenssätze mit dem Alter nicht weniger werden, sondern immer mehr und mehr. Erwachsene Menschen sind so viel mehr im Kopf verhaftet und identifizieren sich mit ihren Ängsten so viel mehr. Warum? Weil wir viele Jahre hatten, im Gehirn immer wieder dieselben Synapsenautobahnen zu fahren und so schön die Straßen eingefahren haben. Wir haben uns durch das wiederholte Denken unserer Angstgedanken und das wiederholte Fühlen unserer Angst irgendwann selbst noch mehr konditioniert. Bravo! Wir bauen uns über die Jahre ein immer größeres Gefängnis.

## VERLIEBE DICH IN DEINE ANGST

Wir alle haben Ängste und wir alle wissen um unsere Ängste, aber die wenigsten von uns setzen sich wirklich damit auseinander. Wir lassen unsere Angst unbeachtet oder schieben sie weit weg (denn sie ist ja unser Feind). Wir geben ihr so wenig wie möglich Raum und wollen den Teil des Fühlens überspringen. Wir wollen Resultate, ohne uns mit unseren Ängsten und alten Schmerzen aus der Kindheit zu verbinden. Am anderen Ende des Spektrums kann es sein, dass wir uns zu stark mit unseren Ängsten identifizieren und uns gedanklich immer wieder erzählen, wie sehr wir Angst vor einer Sache haben: zum Beispiel vor Spinnen, Scheitern, Zurückweisung…

In beiden Fällen müssen wir eine Beziehung zu unseren Ängsten aufbauen und in Dialog mit ihnen treten. Denn nicht unsere Ängste sind das Problem, sondern unsere Beziehung zu unseren Ängsten. Wie soll das gehen, sich in seine Ängste zu verlieben oder sich mit ihnen anzufreunden? Das hört sich vielleicht völlig abstrus an.

*Lehne deine Ängste nicht ab – heiße sie willkommen.*

Alles gut. Lass die Frage nach dem WIE erst mal los. Dein Ego liebt es, nach dem WIE zu fragen, denn es geht davon aus, dass es für alles einen richtigen und einen falschen Weg gibt. Das Ding ist aber, es gibt keinen richtigen oder falschen Weg, deine Ängste zu lieben. Es geht darum, dich mit dir selbst und deinen Gefühlen zu verbinden. Du verliebst dich in deine Ängste, indem du sie voll und ganz fühlst.

Okay, dann lass uns das Fühlen mal üben. Wähle für die folgende Übung eine deiner größten Ängste aus: Zurückweisung, Scheitern, das Ungewisse und Unbekannte, Verurteilung und Kritik, Scham, Schuld, Enttäuschung, Identitätsverlust…

Eine wunderbare Modalität, die dir hilft, dich aktiv mit deinen Ängsten auseinanderzusetzen, ist Breathwork.

## MACH DEINE ÄNGSTE ZU FREUNDEN

- Stell dir vor, das, wovor du Angst hast, trifft ein und passiert. Lass die Angst und den Schmerz hochkommen, so intensiv, wie es geht. Gib allem Raum, was in dir passiert, und allen Gefühlen, die präsent sind.
- Wo sitzt die Angst in deinem Körper? Spüre rein und nimm die Empfindung wahr. Fühlst du deine Ängste eher in der Brust, im Magen oder im Hals?
- Besänftige deinen Körper, dass er keine Angst zu haben braucht, dass er nicht in Gefahr ist.
- Spüre weiterhin alle Gefühle und Ängste. Gib ihnen in deinem Körper so viel Raum, wie sie brauchen. Spüre, fühle, weine. Sitze mit all dem, was hochkommt. Drücke nichts weg, lass es präsent sein und gib allem deine Aufmerksamkeit im Hier und Jetzt.
- Wie fühlt es sich an, wenn du deinen Angstgefühlen Liebe zukommen lässt?
- Du kannst auch innerlich sagen: »Ich habe Angst davor zu scheitern – und das ist okay, ich mag dich trotzdem, liebe Angst.«
- Spüre weiter, bis du merkst, dass die Gefühle und die Angst sich transformieren oder die intensiven Empfindungen in deinem Körper nachlassen.
- Herzlichen Glückwunsch! Du hast dich in deine Angst verliebt.
- Wiederhole diesen Prozess regelmäßig, mindestens einmal, oder noch besser, drei- bis viermal die Woche, bis du merkst, dass sich die Angst verändert hat.

Die Wahrheit ist, du wirst vollkommen OKAY sein, egal was passiert. Es ist vollkommen sicher, deinen Ängsten zu begegnen: Du hast Angst, zurückgewiesen zu werden? Sehr gut. Suche dir Situationen, in welchen du womöglich zurückgewiesen wirst: Sprich Menschen in der Öffentlichkeit an, frag eine Freundin, ob sie deine Wäsche für dich macht, oder frag in einem Coffeeshop nach einem Rabatt für deinen Kaffee.

Du hast Angst, pleite zu sein? Super. *Verlieb* dich in die Vorstellung, kein Geld zu haben. Du willst die ultimative Beziehung im Leben? Mega. *Verlieb* dich in dein Single-Dasein. Wenn du ein gutes Leben haben möchtest, lerne mit dem Tod klarzukommen. Je mehr du dich mit dem Gegenteil von dem, was du willst, anfreundest (also mit deiner Angst), desto weniger bist du im Widerstand und desto weniger basiert dein Leben auf Angst. Nur dann kannst du wirklich ein Leben aus Fülle leben und nicht aus Mangel.

## WAGE DICH IN DIE KONFRONTATION

Nachdem wir nun auf der körperlichen Ebene gearbeitet haben (auf der sich das Unterbewusste gern einnistet), schadet es nicht, auch dem Kopf noch mal so richtig zu helfen.

Ich habe hier eine Serie an Fragen für dich, die dir helfen werden, deine Ängste komplett auf den Tisch zu legen und erste Schritte in Richtung Konfrontation zu machen. Denn nur selten spielen wir die Angstszenarien ganz aus und schauen sie uns von Anfang bis Ende an.

Wichtig ist hier, dass du beim Beantworten nicht anfängst, alles zu stark zu durchdenken. Vielmehr geht es darum, einfach nur zu schreiben, ohne dich zu zensieren. Das Ziel ist, viel zu schreiben, nicht das »Richtige« zu schreiben.

## SPIELE DEINE ANGSTSZENARIEN DURCH

**1. Wie sieht dein Worst-Case-Szenario aus?**
- Definiere deinen Albtraum. Was ist das absolut Schlimmste, das passieren kann, wenn du das tust, was du machen willst? Wie wahrscheinlich ist es?
- Welche Zweifel, Ängste und »Was ist wenn ...« kommen in dir hoch, während du in Erwägung ziehst, deinen Plan oder Veränderung anzupacken? Stell sie dir vor und beschreibe sie im Detail.
- Wäre es das Ende deines Lebens? Wenn ja, wie würde das Ende aussehen?
- Was wäre die bleibende Auswirkung? Wäre sie wirklich dauerhaft?

**2. Was könntest du tun, um den eventuellen Schaden wiedergutzumachen?**
- Wie könntest du wieder auf den richtigen Weg kommen, selbst wenn es nur temporär wäre?
- Wie könntest du die Dinge wieder unter Kontrolle bringen?

**3. Was ist das Resultat und was sind die Vorteile, wenn dein Plan und dein Vorhaben gelingen?**
- Nachdem du weißt, wie der schlimmste Fall aussehen würde, drehen wir das Ganze mal um: Wie würde dein Best-Case-Szenario aussehen? Was ist das Beste, das passieren kann? Sei es in dir oder im Außen.
- Gibt es Menschen, die vielleicht weniger intelligent sind als du und das geschafft haben, was du vorhast?

**4. Angenommen, dein Worst Case ist eine Kündigung und dir wird morgen gekündigt oder du selbst kündigst: Was würdest du tun, um finanziell stabil zu werden oder wieder auf die Beine zu kommen?**

**5. Was vermeidest du, weil du Angst hast? Was schiebst du aus Angst weiter und weiter vor dir her?**
◇ Welche Gespräche gehst du nicht an? Welche Schritte gehst du nicht, um dein Business zu starten? Welche Entscheidungen triffst du nicht?

**6. Was ist der Preis, den zu zahlst, wenn du weiter in deiner Angst bleibst und nicht dein Ding machst?**
◇ Wo bist du dann in einem Jahr, in fünf Jahren und in zehn Jahren?
◇ Was kostet dich deine Angst und das Festhalten an vermeintlicher Sicherheit?
◇ Wenn du auf deinem Sterbebett liegst, wie sehr wirst du bereuen, ein Leben gelebt zu haben, das nicht deines war, eines, das nicht bedeutungsvoll war, eines, das du an dir vorbeiziehen lassen hast?

Worauf wartest du? Der einzige Weg, aus deiner Angst rauszukommen, ist, durch sie hindurchzugehen.

# GOODBYE, INNERER KRITIKER!

Ich hatte die längste Zeit keine Ahnung von Selbstliebe und war mir nicht bewusst, wie wenig Selbstwert ich in mir trug. Ich war auch nicht sonderlich offen für »innere Arbeit«, bis ich einsehen musste, dass ich entweder weiter leiden oder nie die Erfüllung und Fülle im Leben erfahren werde, nach der ich mich so arg sehnte. Ein Großteil meiner Depressionen war im fehlenden Selbstwert verankert und in negativen Gedanken über mich selbst. Mein innerer Kritiker war ganz schön fies.

Um mein Leiden zu mindern, habe ich irgendwann den Buddhismus entdeckt und bin eine Zeit lang regelmäßig in ein Buddhistisches Zentrum in Berlin gegangen, um dort Vorträge und Workshops zu besuchen. Über die Jahre hinweg bin ich immer tiefer in den Buddhismus eingestiegen, habe viele Bücher gelesen, mich intensiv mit buddhistischen Lehren beschäftigt und viel praktiziert. Es hat mir wahnsinnig viel gebracht und tut es auch immer noch.

*Je mehr wir Mitgefühl für uns selbst entwickeln, desto leiser wird unser innerer Kritiker.*

Ein essenzielles Konzept im Buddhismus ist das Mitgefühl für alle Wesen – und besonders für uns selbst, also der Teil, der uns oft am meisten fehlt. Mitgefühl für uns selbst heißt auch, unserem ewig nörgelnden inneren Kritiker auf die Spur zu kommen, unsere negativen Selbstgespräche zu erkennen und stattdessen zu lernen, liebevoll mit uns selbst zu sprechen.

Je besser wir das können, desto mehr wird unser innerer Kritiker zum Schweigen gebracht. Du hörst diese kritische Stimme eventuell schon, seit du klein bist. Das bedeutet, dass dein Gehirn total daran gewöhnt ist, so zu denken. Das bedeutet auch, dass es ein wenig dauern kann, bis sich da oben bei dir was ändert. Daher sei geduldig, denn dein innerer Kritiker wird dir bestimmt gern erzählen, dass du deine Gedanken nicht schnell genug änderst und alle Übungen und Meditationen ja sowieso nichts bringen und dass du verdammt bist, negative Gedanken zu denken.

Mit der folgenden Übung kannst du deinem inneren Kritiker auf die Spur kommen. Nimm dir Stift und Papier, nutze deine eigenen Worte und beantworte die folgenden Fragen kurz und prägnant:

---

**DEN INNEREN KRITIKER LEISER STELLEN**

◇ Was erzählt dir dein innerer Kritiker regelmäßig? Zum Beispiel: »Du wirst nie erfolgreich sein und viel Geld verdienen«, oder: »Du schaffst es sowieso nicht, dreißig Tage lang jeden Tag zu meditieren.«
◇ Welche Stimme ist das? Wer spricht da zu dir?
◇ Welche Beispiele widerlegen die Aussage deines inneren Kritikers?
◇ Was hättest du gerne gewollt, dass dir deine Eltern oder frühe Autoritätsfiguren stattdessen gesagt hätten?
◇ Ersetze die »Lügen« des inneren Kritikers durch die Wahrheit.

---

→ *Das ausführliche Arbeitsblatt zur Arbeit mit dem inneren Kritiker findest du unter www.findyourmagic.de*

## WIEDERHOLUNG, WIEDERHOLUNG, WIEDERHOLUNG

Die gute Nachricht ist, dass wir unsere alte Programmierung ändern können, unseren inneren Kritiker abschalten und lernen können, uns selbst zu lieben. Allerdings passiert das nicht von heute auf morgen. Um Denk- und Verhaltensstrukturen zu ändern, braucht es Wiederholungen, und zwar viele davon. Das bedeutet für dich, dass sich nach einmaligem Ausprobieren noch nicht so viel ändert, sondern dass du diese Übungen (wie viele andere auch) regelmäßig machen musst.

Ich war lange sehr ungeduldig im Hinblick auf meinen inneren Prozess und habe mich die ersten ein, zwei Jahre sehr unter Druck gesetzt. Dann habe ich irgendwann gecheckt, dass all das eine lebenslange Aufgabe ist. Ich will dir damit nicht einreden, dass Veränderung ewig dauern muss – ganz und gar nicht. Aber neue Gewohnheiten brauchen Zeit. Man sagt, das Minimum sind 21 bis 30 Tage, manches kann Monate, wenn nicht Jahre dauern. Jeder hat eine andere Timeline, und es kommt auch darauf an, wie motiviert du innerlich bist, Änderungen herbeizuführen. Es bedeutet, konsequent dran zu bleiben und kontinuierlich vorwärtszugehen. Manchmal sind wir mit Vollgas dabei und dann braucht es auch wieder Pausen, um Erkenntnisse zu verarbeiten, durchzuatmen und zu reflektieren.

*Wir erwarten ja oft, dass Veränderung auf einen Schlag passiert, aber sie ist eher schleichend und unterwegs kaum spürbar.*

Ab und zu habe ich auch heute noch Tage, an denen ich denke, ich komme nicht weiter und dass die innere Arbeit über all die Jahre nichts gebracht hat. Dann erkenne ich, dass das die Stimme meines inneren Kritikers ist, der mich wieder runterziehen will. Ja, ich muss ihn auch regelmäßig noch bändigen und in die Schranken weisen!

Also lass dich von deinem inneren Kritiker nicht verrückt machen und vor allem nicht dazu bringen, das Handtuch zu schmeißen. Nur wenn du aufgibst, bist du wirklich gescheitert. Deshalb, keep going!

## AUCH DEN ÄUSSEREN KRITIKER STOPPEN

Wir machen ja eines echt gerne: bewerten, kritisieren, über uns und andere negativ reden. Wir versprühen sozusagen negative Energie in alle Winde. Aber wenn wir auf diese Weise durch die Welt gehen, werden wir nicht weit kommen, selbst wenn wir ansonsten alles tun, um für uns ein erfülltes Leben zu gestalten. Denn worauf wir unseren Fokus legen, dorthin fließt unsere Energie. Wenn unser Fokus also darauf liegt, andere negativ zu bewerten, geht unsere Energie in den Keller: dorthin, wo sich Neid, Wut, Eifersucht und Missgunst finden.

Deshalb: Je mehr Selbstliebe wir entwickeln, desto mehr können wir diese Liebe auch für andere ausdrücken. Je mehr Empathie und Verständnis wir für uns entwickeln, desto weniger haben wir das Verlangen, andere zu kritisieren oder zu bewerten. Daher ist es so wichtig, mit der Arbeit bei uns selbst zu beginnen, denn sie hat weitreichende Effekte auf unser Umfeld.

*Wir bewerten andere genauso, wie wir uns selbst bewerten. Je stärker unser innerer Kritiker ist, desto aktiver ist unser äußerer Kritiker.*

Warum bewerten wir überhaupt? Was treibt uns da an? Auf irgendeine Art und Weise fühlt es sich gut an, andere zu bewerten und zu kritisieren. Es gibt uns eine Art Genugtuung. Es ist ein schwer zu beschreibendes Gefühl, aber ich bin mir sicher, du weißt, was ich meine. Wir bewerten an anderen das, was wir an uns selbst nicht mögen und abweisen. Wir bewerten und schauen auf andere, damit wir uns und unsere Schatten nicht selbst anschauen müssen. Das mag hart sein zu realisieren und zu akzeptieren, aber es ist die unangenehme Wahrheit. Im Umkehrschluss heißt das aber auch: Wenn andere uns bewerten, können wir davon ausgehen, dass sie sich selbst genauso bewerten und dass es eigentlich gar nicht um uns geht, sondern um ihre fehlende Selbstliebe.

Als Kreative und Unternehmerin habe ich gar keine Zeit, mich so viel negativen Dingen zu widmen und meine Energie in Negativität zu stecken, geschweige denn in das Schreiben von bewertenden oder kritisierenden Kommentaren. Das Interessante ist nämlich, dass Menschen, die sich selbst lieben und gut zu sich sind, auch weniger das Verlangen haben, andere negativ zu bewerten. Ich kenne viele erfolgreiche Menschen und solche, die ein rundum erfülltes Leben führen. Weißt du, was sie nicht machen? Sie hinterlassen keine negativen Kommentare auf Social Media oder lästern über andere hinter deren Rücken.

Die andere Problematik, die ich an Menschen sehe, die gern bewerten und kritisieren – sie sind nicht mit im Aktionsring. Das heißt, sie selbst machen und kreieren meist gar nichts. Es sind die mit anonymen Profilen ohne Foto auf YouTube. Es sind die, die bequem auf dem Sofa sitzen und ihre wertvolle Zeit und Energie in das Schreiben von negativen Kommentaren investieren. Manchmal sind es aber auch die Wortführer und Influencer auf Social Media, die mit ihrer Bewertungsnegativität andere mit in ihren Kreis ziehen, denn zusammen lässt es sich ja noch besser bewerten.

*Wir gegen die anderen ist immer eine tolle Strategie, andere Menschen auf deine Seite zu ziehen.*

Wenn du also das nächste Mal anderen deine Bewertung überstülpst oder mit jemandem über Dritte abläster st, halte kurz inne und überlege, welche Energie du dir damit in dein Leben holst und was das gerade über dich aussagt. Ich sage mir (und anderen) immer: Wenn du nichts Nettes, Freundliches oder Liebevolles zu sagen hast, dann lass stecken.

# WENN DICH DEIN UMFELD NICHT UNTERSTÜTZT

»Was? Du willst deinen Job aufgeben und dein eigenes Unternehmen starten? Du bist ja krass!«

Kennst du das? Wir erzählen jemand Wichtigem von unseren Träumen und Plänen und bekommen einen verbalen Tritt in die Magengrube. Gerade noch waren wir high auf Endorphine und im nächsten Moment werden wir ganz schnell heruntergezogen auf den Boden der angeblichen Tatsachen. Wenn uns Familie oder Freundeskreis bei Veränderungen nicht unterstützen, kann uns das sehr schnell verunsichern.

Viele Leute trauen sich vor lauter »Was werden wohl meine Eltern und Freundinnen denken?« gar nicht erst, ihre Träume und Sehnsüchte nach einem erfüllenden Leben ernst zu nehmen, geschweige denn den ersten Schritt zu wagen, sie in die Realität umzusetzen. Das macht mich unendlich traurig. Ich kenne selbst so viele Leute, die aus Angst in ihrem Job bleiben, weil sie denken, sie müssten anderer Menschen Erwartungen erfüllen, und sich davor fürchten, was andere über sie denken.

Und es gibt ja auch viele Schwarzmaler, Kritikerinnen und Runterzieher auf dieser Welt. Ich begegne ihnen selbst auch ab und an besonders durch Kommentare und E-Mails auf meinen Blog, und Social-Media-Kanälen – Gott sei Dank nicht mehr häufig im realen Leben. Die halten sich mittlerweile schön fern von mir. Aber damals, als ich noch ganz am Anfang stand, musste ich auch mit Kritikerinnen kämpfen: Freundinnen, die nicht an mich und meine ortsunabhängigen Businesspläne geglaubt haben. Ein Vater, der nie verstand, was ich eigentlich mache, und mich ständig gefragt hat, ob ich auch wirklich damit Geld verdiene. Lange war es sehr frustrierend, aber mittlerweile habe ich Empathie mit Menschen, die in Grenzen denken und anderen Menschen diese auferlegen. Ich nehme sie auch nicht mehr so ernst. Das hilft ungemein. Denn: Es gibt einfach kein richtig und falsch, nur das Leben, das jede Einzelne von uns glücklich macht. Es gibt keine Standardlösung für ein Standardleben für alle. Wer an dieser Idee festhält, ist in seinen eigenen Ängsten, in seinem eigenen Gefängnis gefangen.

Klar, Familie und Freunde liegen uns am Herzen. Wir wollen sie nicht enttäuschen, aus Angst sie zu verlieren oder weil wir denken, dass wir dann nicht mehr geliebt werden. Und trotzdem: Wenn deren Liebe davon abhängt, wie sehr unser Leben ihren Erwartungen gleicht, dann ist das keine Liebe, sondern eine auf dich projizierte Angst und Kontrolle. Also verlass dich lieber auf dich selbst als auf irgendetwas, das dir da draußen erzählt wird – von deinen Mitmenschen, den Medien, deiner Familie oder der Gesellschaft. Wenn du trotzdem DEIN Leben haben willst, eines, das dich so richtig erfüllt – dann solltest du deine Träume und Wünsche nicht aufgeben. Sie sind ungemein wichtig und gehören ernst genommen – egal, wie verrückt sie für andere Menschen sein mögen.

*Es ist eine der schwierigsten Herausforderungen, unseren Träumen und Plänen auch dann zu folgen, wenn wir nicht unterstützt werden.*

## TRAUMKILLER UND KLEINMACHER

Für meine eigene Geschichte war das Jahresende 2011 ein entscheidender Wendepunkt. Ich hatte damals einen Nine-to-five-Job, wusste aber schon nach sechs Wochen im Büro todsicher, dass ich da raus muss und mein eigenes Ding machen will. Jetzt hieß es, das auch meinen Eltern beizubringen. Die waren nämlich sehr angetan davon, dass ihre Tochter nach endlosen Jahren des Reisens und Vagabundierens wieder zurück in Deutschland war und endlich einen Erwachsenenjob hatte. Ich wusste also, ich würde ihre Erwartungen enttäuschen. Hatten sie Bedenken und Sorgen um mich? Aber hallo. Hatte ich Bedenken und Sorgen um mich? Jupp. Und trotzdem hab ich's getan. Der Push, mein Wille und der Glaube daran, dass es funktioniert, waren zu stark.

War es einfach? Überhaupt nicht. Ich spürte oft den Druck, meinen Eltern und allen anderen beweisen zu müssen, dass ich es hinkriege. Ich hatte Angst davor, mit gesenktem Haupt zu Hause um Geld bitten zu müssen. Aber ich wollte die Angst nicht gewinnen lassen. Und das auch, wenn Freundinnen, und sogar gute Freunde, nicht an meine Pläne glaubten und sie als illusorisch abstempelten. Wir sind heutzutage nicht mehr befreundet – außer auf Facebook. Mit unterschiedlichen Einstellungen und Ansichten ist es schwer, eine ausgeglichene Freundschaft zu pflegen. Man kann einfach nichts erzwingen.

*Wenn du anfängst, Verantwortung für dein Leben und dein Seelenglück zu übernehmen, kann es sehr beängstigend werden – nicht nur für dich, sondern auch für die Menschen in deinem Umfeld.*

Als ich dann anfing, auf meinem Reiseblog Planet Backpack aus aller Welt über mein Leben als (angehende) digitale Nomadin zu berichten, rief das die Kritikerinnen und Traumkillerinnen auf den Plan. Sie fühlten sich bemüßigt, mir in Kommentaren und E-Mails ihre negative Meinung kundzutun.

Im Jahr 2012 waren digitale Nomadinnen noch neu in Deutschland und ich eine der Ersten, die das Ganze im Netz in Worten und Bildern verbreitete. Die Ankunft der Kritiker war quasi vorprogrammiert. In vielen ihrer Worte habe ich Eifersucht, Neid und Missgunst gelesen, so als hätten sie sich von meinem Lifestyle, und dass ich ihn so öffentlich zeigte, angegriffen gefühlt. Die Phase dauerte etwa ein Jahr – ungefähr so lange, bis das Thema immer breitere Kreise zog, immer mehr Leute auf ihren Blogs darüber schrieben, immer mehr Journalistinnen über uns berichteten. Und bis ich selbst voll an mein Vorhaben glaubte. Heute gibt es eine Konferenz für uns digitale Nomadinnen, es gibt Dokumentarfilme über uns und endlos viele Ressourcen. Die Bewegung ist in der Gesellschaft richtig angekommen.

Ob mich die entmutigenden und gemeinen Kommentare meiner Kritikerinnen gestört haben? Natürlich haben sie das. Sie haben mich oft richtig fertig und traurig gemacht. Aber hab ich mich von ihnen aufhalten lassen? No way!

**Was Traumkiller so sagen**

◇ Du bist unverantwortlich. Muss schön sein, keine Verantwortung zu spüren.
◇ Bist du überhaupt qualifiziert genug?
◇ Du kannst doch so kein Geld verdienen.
◇ Du willst deinen sicheren Job aufgeben für so ein risikoreiches Leben?
◇ Und was machst du, wenn es nicht funktioniert?
◇ Du läufst vor etwas weg.
◇ Du bist egoistisch. Du denkst nur an dich.
◇ Manche von uns leben in der realen Welt. Komm mal zurück auf den Boden der Tatsachen.
◇ Du kannst doch nicht nur einfach durch die Welt ziehen. Du brauchst doch ein Zuhause.
◇ Du kannst deine Familie und Freundinnen einfach so hinter dir lassen? Sind sie dir gar nicht wichtig?
◇ So wirst du niemals eine Beziehung haben können.
◇ Du weißt ja gar nicht, was du wirklich willst.
◇ Mach doch mal was Ordentliches.
◇ Man muss auch mal mit dem zufrieden sein, was man hat.

### Warum Traumkiller das sagen

**Grund Nr. 1: Sie haben Angst um dich.**
Menschen, die uns lieben, machen sich oft Sorgen um uns. Sie wollen uns beschützen und glauben, wir könnten das selbst nicht so gut. Meist ist es aber ihre eigene Angst, die sie quasi für dich übernehmen wollen, um dich vor den »Abgründen« deines Traumes zu schützen. Anderen werden deine Pläne auch deshalb beängstigend erscheinen, weil sie sich nicht so sehr mit der Thematik auseinandergesetzt haben wie du. Viele Leute brauchen Sicherheit, wollen, dass das Leben vorhersagbar und geradeaus ist. Da passt ein Leben, das ganz anders ist, natürlich überhaupt nicht ins Bild.

**Grund Nr. 2: Sie sind eifersüchtig.**
Traumkiller fühlen sich angegriffen, weil du deinen Traum lebst und sie nicht. Oft haben Traumkiller ihre eigenen Träume nie verwirklicht und sind unterbewusst verbittert darüber. Sie denken vielleicht, dass sie es nicht wert sind oder sie es nicht verdienen, ihre Träume zu leben, und du es daher auch nicht verdienst. Das Ganze läuft auf einer unglaublich tiefen Ebene ab, die den Traumkillern selbst nicht bewusst ist.

**Grund Nr. 3: Sie haben andere Glaubenssätze.**
Wir alle haben sie: Glaubenssätze, die wir als die eine große Wahrheit ansehen. Wir nehmen sie so dermaßen ernst, dass wir denken, sie müssten der Status quo für alle anderen Menschen da draußen auch sein. Solche Glaubenssätze sind schwer abzuschütteln. Und wenn sich Menschen darüber nicht im Klaren sind, dass sie meist sinnlos sind, kannst du ewig auf ihre Zustimmung oder ihr Verständnis warten.

## WIE DU MIT GEGENWIND UND FEHLENDEM SUPPORT UMGEHST

**Tipp Nr. 1: Umgib dich mit den richtigen Menschen.**
Mit den »falschen« Menschen, die dich kleinmachen, wirst du dich immer klein fühlen, so, als wäre etwas nicht richtig mit dir und als wären deine Pläne wirklich unrealistisch. Mit den »richtigen« Menschen, die dich unterstützen, wirst du dich unter Gleichgesinnten fühlen und erkennen, dass deine Ziele völlig okay sind und du auf dem richtigen Weg bist.

**Tipp Nr. 2: Akzeptiere, dass du es nicht jedem recht machen kannst und Menschen auf deinem Weg enttäuschen wirst.**
Nicht jeder wird deine Entscheidungen und Pläne verstehen. Das ist okay. Wir werden im Leben immer wieder Menschen enttäuschen müssen. Jeder, der Erwartungen in sich trägt, wird das irgendwann realisieren (oder auch nicht). Manche nennen das Egoismus. Aber wer macht die Regeln für egoistisches Verhalten? Wer macht die Regeln für richtig und falsch? Keiner. Oder aber: die Gesellschaft, die Medien und unsere Glaubenssätze. Aber wie gesagt: Nach den Erwartungen und Vorstellungen anderer zu leben ist völlig absurd.

**Tipp Nr. 3: Du brauchst keine Bestätigung von anderen.**
Du brauchst nicht den Segen aller Menschen in deinem Leben, um dein Traumleben verwirklichen zu können – nur deinen eigenen. Die Verantwortung für dich selbst liegt bei dir.

**Tipp Nr. 4: Wenn du genau weißt, was du willst, ist es einfacher, dafür einzustehen.**
Je klarer du in deinen Vorstellungen und Plänen bist, desto leichter wird es dir fallen, sie anderen mitzuteilen und zu zeigen, wie du sie umsetzen willst. Mit mehr Klarheit wirst du dich sicherer fühlen und überzeugender kommunizieren können.

**Tipp Nr. 5: Nur du weißt, was richtig für dich ist.**
Niemand anderes. Was andere glücklich macht und ihnen Sicherheit gibt, muss für dich nicht gleichermaßen erfüllend sein. Manche Leute mögen die Farbe Grün und Rotwein, manche lieben Blau und Weißwein. So what?

**Tipp Nr. 6: Rede so lange darüber, bis es geklärt ist.**
Nimm die Ängste von Eltern und Freunden ernst, rede mit ihnen darüber und schaffe Raum für alle Sorgen und Kritikpunkte. Kommunikation ist der beste Weg zum Verständnis. Ich empfehle dazu Marshall B. Rosenbergs *Gewaltfreie Kommunikation* – das Buch hat mein Leben verändert.

**Tipp Nr. 7: Show, don't tell.**
Zeige deinen Eltern, dass du auf dich aufpassen und Verantwortung übernehmen kannst.

**Tipp Nr. 8: Ignorieren.**
Manchmal ist es einfach am besten, die Traumkiller zu ignorieren. Du MUSST dich nicht mit allen Kritikerinnen auseinandersetzen, es steht dir frei, dich von ihnen loszusagen.

**Tipp Nr. 9: Du bist nicht alleine.**
Du teilst mit so vielen anderen Leserinnen da draußen dieselben Herausforderungen, wenn es um das Thema Traumkiller unter Verwandten und Freundinnen geht. Und ich hoffe für dich, dass du dein Ding trotzdem durchziehst. Dass du an dich selbst glaubst und nicht aufgibst, deine Wahrheit zu leben. Du schuldest es deiner Seele und deinem Herz – und der Welt.

Kurzum: Traumkiller wollen ihre Realität der deinen überstülpen, denn ja, wie verrückt ist das denn bitte, gleichzeitig reisen und arbeiten zu wollen? Und alle Veganer leiden unter einem Proteindefizit. Und Männer müssen Frauen immer die Tür aufhalten. Alles Bullshit! Aber wir sind auch nicht da, um andere Menschen zu verändern. Sollen sie ihre Programmierung behalten. Sei happy, dass du in der Lage bist, deine eigene Konditionierung kritisch zu sehen, zu überprüfen und zu verändern.

Ansonsten: Es ist dein Leben. Und es ist dein Recht zu entscheiden, wer du sein möchtest, ohne dich dafür bei irgendjemanden zu entschuldigen. Das schuldest du dir selbst und der Wahrheit und Berufung, die in dir stecken. Du kannst dein Leben nicht an den Glaubenssätzen anderer Menschen ausrichten. Na ja, du könntest schon, aber das würde dich unglücklich und unerfüllt machen. Und am Ende hättest du es zwar dein Leben lang anderen Menschen recht gemacht, nur dir selbst nicht. Wie fühlt sich das für dich an?

# WIE DU DEIN LEBEN NACH DEINER MAGIE AUSRICHTEST

Wenn wir uns selbst verändern,
verändern wir die Welt.

# WIE DU ZUM MAGIER DEINES LEBENS WIRST

Es ist Zeit, auf den Fahrersitz zu klettern. Bist du bereit? Cool.

Wenn bis dato dein innerer Kritiker und deine alte Programmierung das Lenkrad für dein Leben in der Hand hatten – dann überlege dir mal, was mit einer aktualisierten Mindset-Software alles möglich ist. Richtig große Sachen, sag ich dir. Stell dir vor, wie dein Leben aussehen könnte, wenn du all die negativen, einschränkenden Gedanken und Gefühle mit ermutigenden und aufregenden Gedanken und Gefühlen ersetzt. Wir müssen uns nicht nur auf mentaler Ebene neu programmieren, sondern auch auf emotionaler. Und das können wir trainieren.

## FOLGE DEINEM EIGENEN KOMPASS

Deine Bestimmung und deine Wahrheit wollen in Einklang gebracht werden mit der Art, wie du dich der Welt zeigst, wie du dich ausdrückst und wie du jeden Tag dein Leben lebst. Wenn du diesen Einklang basierend auf deinen Werten lebst, lebst du mit Integrität. Du lebst dein Leben für dich. Nicht für jemand anderen. Dein Leben ist dein Leben. DEINES.

Im Einklang sein bedeutet auch:

- ◇ von unserem Herzen aus zu leben und den Rufen unserer Seele zu folgen
- ◇ ein intuitives Leben zu führen
- ◇ unserem inneren Kompass zu vertrauen.

Wenn du nach diesen Maximen lebst, darfst du dich mit hoher Wahrscheinlichkeit auf ein paar Sachen gefasst machen. Dein altes Leben wird unter Umständen zusammenbrechen. Dinge, Menschen und Jobs werden wegfallen. Du wirst dich unwohl fühlen, denn Transformationen gehen oft mit Wachstumsschmerzen einher. Du wirst aufgerufen werden, dein Ego aus dem Weg zu räumen und auf Dinge zu vertrauen, die du noch nicht sehen, aber fühlen kannst, denn auch wenn dein Kopf noch keine Ahnung hat, wohin es geht, wissen dein Herz und deine Seele, dass du auf dem richtigen Weg bist. Sie wissen immer, was zu tun ist.

Du wirst dich daran gewöhnen müssen, schwierige Entscheidungen zu treffen, schwierige Gespräche zu führen und Menschen, Erwartungen und Pläne loszulassen. Du wirst dazu aufgerufen werden zu springen – ohne zu wissen, wie die Landung aussehen wird. Ein Sprung bedeutet, dir und dem Universum zu zeigen, dass du bereit bist. Wenn du auf eine Garantie wartest, sendest du das Signal aus, dass du noch nicht bereit bist, um die nächste Sache zu empfangen.

> *Wenn du wartest, bis die Umstände optimal sind, wirst du dein Leben lang warten.*

## SUCHE NICHT NACH DEM GLÜCK

Uns wird ja die ganze Zeit verkauft, dass wir nach Glück streben sollen. Daher gibt es Werbung und all die Dinge da draußen, die wir kaufen und konsumieren sollen, damit wir glücklicher werden. Es geht aber gar nicht darum, jeden Tag glücklich zu sein. Glück ist ein temporärer Zustand, ein Gefühl, das ein paar Minuten oder Stunden anhalten kann. Es kratzt gerade mal so an der Oberfläche. Was ich viel interessanter und nachhaltiger finde, ist das Gefühl der Erfüllung. Fühl mal eben in beide

Gefühle rein: Glück und dann Erfüllung. Ich weiß ja nicht, wie das für dich ist, aber bei mir ist Glück vordergründig in der Brust am Start, während Erfüllung tiefer in den Bauchraum geht und ein Ganzkörperding ist.

Die Sache ist ja die: Ich werde immer wieder mal schlechte Tage haben und immer mal wieder wird etwas passieren, das ich nicht kontrollieren kann und das mich traurig oder wütend macht. Das nennt man Leben. Wenn wir also nur dem Glück hinterherjagen, negieren wir erstens unser Gefühlsspektrum und laufen zweitens vor negativen Erfahrungen davon. Aber gerade die halten oft das größte Wachstum für uns bereit.

Außerdem: Wenn wir dem Gefühl des Glücklichseins hinterherrennen, werden wir oft auf kurzweilige Verlockungen reinfallen: auf Erfolg, Geld, Reisen, materiellen Besitz, Affären… Wir Menschen sind einfach Experten darin, die Leere in unserem Inneren mit Dingen im Außen zu füllen, statt im Inneren wirkliche Er-FÜLLUNG zu finden. Und genau deshalb werden wir auch dann nicht glücklich, wenn wir alles im Leben erreicht haben und alles besitzen, was man sich wünschen kann.

Ich empfinde Erfüllung (und mich als »ganz und voll«), wenn ich morgens aufwache und weiß, warum ich hier bin. Ich fühle sie, wenn ich kreativ arbeite. Ich fühle sie, wenn ich lerne und mich weiterbilde, wenn ich durch eine Herausforderung gegangen bin und sehe, wie sehr ich daran gewachsen bin, wenn ich meine Kreationen mit anderen teile, wenn ich andern helfen und sie durch meine Arbeit inspirieren kann, wenn ich tiefe Verbindung zu meinen Freunden, meiner Familie und Partnerin spüre und wir schöne Erlebnisse miteinander teilen.

*Es geht um Erfüllung, und die finde ich im Innen. Erfolg ohne anhaltende Erfüllung fühlt sich leer an.*

Glück ist entweder da oder nicht. Erfüllung kann auch da sein, wenn du gerade nicht glücklich bist, sondern traurig, weil dein Hund gestorben ist oder weil du durch eine Trennung gehst. Erfüllung kommt mit Höhen und Tiefen, aber wir können sie immer fühlen. Daher ist für mich Erfüllung viel wichtiger und wertvoller als Glücklichsein.

## DIE SCHÖNE LÜGE VOM WENN-DANN-LEBEN

Viele da draußen – und vielleicht auch du – leben nach einem Prinzip, das ich das Wenn-dann-Leben-Bullshit-Prinzip nenne. Das funktioniert so: Wir sind der Überzeugung, dass WENN etwas im Außen passiert, dass wir DANN glücklich sind. Wir glauben, dass unser Glück von außen beeinflusst werden kann. Doch dieses Denken hält uns in absoluter Unzufriedenheit fest. Das ist so, als würde man sein eigenes Gefängnis bauen. Das Gefängnis heißt »Abhängiges Glücklichsein«.

Angewendet schaut das Prinzip so aus:

◇ WENN ich meinen Job gekündigt habe und mein eigenes Business starte, DANN bin ich glücklich.
◇ WENN ich genügend Geld gespart habe und endlich auf Weltreise gehen kann, DANN bin ich glücklich.
◇ WENN ich endlich in einer Beziehung lebe, DANN bin ich glücklich.
◇ WENN ich richtig gut Geld verdiene und meine Schulden abbezahlt habe, DANN bin ich glücklich.
◇ WENN ich meine Berufung und Bestimmung im Leben gefunden habe, DANN bin ich glücklich.
◇ WENN ich ein schönes Zuhause oder ein eigenes Haus habe, DANN bin ich glücklich.

Doch die Rechnung geht nicht auf: Denn was wir damit tun, ist unser inneres Glück aufzuschieben und an Gründen festzuhalten, warum wir jetzt im Moment nicht glücklich sein können. Solange wir mit diesem Mindset unterwegs sind und Erwartungen ans Leben stellen, schlafwandeln wir. Das ist, als würdest du jeden Tag bei McDonald's essen und dich wundern, dass du immer mehr zunimmst und ständig krank bist. Es ist ein Fehler in unserer Matrix. Dabei funktioniert die Gleichung einfach andersherum:

---

**DIE ULTIMATIVE GLÜCKSFORMEL**

Nicht: WENN etwas passiert, DANN bin ich glücklich.
Sondern: WENN ich glücklich beziehungsweise erfüllt bin, DANN passieren alle möglichen tollen Sachen.

---

Vermutlich meldet sich sofort dein innerer Widerstand, weil die neue Gleichung alle bisherigen Glaubenssätze auf den Kopf stellt. Doch der Schlüssel, um wirklich das zu bekommen, was wir uns wünschen, ist die volle Hingabe an das, was in unserem Leben *jetzt ist*, und die Dankbarkeit dafür. Ganz unabhängig davon, was uns unserer Überzeugung nach zu unserem »richtigen Glück« noch zu fehlen scheint.

Interessanterweise gibt es ja da draußen viele Menschen, die alles haben. Wirklich alles. Geld, Familie, Erfolg, fette Villen an den schönsten Orten, teure Autos, einen Privatjet oder eine Jacht für tolle Reisen, endlose Freiheit, sich auszudrücken. Im Außen ist alles da. Doch wie oft hast du schon gehört, dass diese Menschen trotzdem nicht glücklich sind? Ich denke da nur an DJ Avicii, an Robin Williams oder an Jim Carrey. Letzterer hat nämlich mal gesagt: »Ich hoffe, dass jeder einmal reich werden kann und dann alles hat, was er sich je erträumt hat, sodass er erkennt, dass dies nicht die Antwort ist.«

In meinem Fall sah das so aus: Ich bin um die Welt gezogen und dachte immer, dass ich am nächsten Ort, im nächsten Land glücklicher sein würde als da, wo ich gerade war. Um nach einiger Zeit dann wieder zu denken, dass der nächste Ort besser sein und mich glücklicher machen würde – um bald erneut von meiner Unzufriedenheit und meinen Depressionen eingeholt zu werden. So ging das jahrelang.

Vor ein paar Jahren habe ich auf Bali in einem Paradies gelebt, in einer Drei-Zimmer-Villa mit Pool, ich verwirklichte mit meinem Online-Business die Vier-Stunden-Arbeitswoche à la Tim Ferriss und war total entspannt, weil mein Einkommen passiv reinkam. Ich war frei ohne Ende. Das Ziel, das ich mir vier Jahre zuvor gesetzt hatte, war erreicht. Doch die innere Erfüllung fehlte noch immer.

*Meist wirken die vermeintlichen Glücklichmacher nicht lange und wir machen uns immer wieder auf die Suche nach der nächsten Sache, die uns dann aber wirklich glücklich macht.*

Nicht viel anders erging es mir in Sachen Liebe. Ich dachte die längste Zeit, dass ich nur in einer Beziehung richtig glücklich und erfüllt sein würde. Doch ich habe nicht verstanden, dass ich erst voll mit mir und meinem Leben glücklich sein muss, bevor ich eine wirklich gesunde Beziehung haben kann.

Und auch heute noch erwische ich mich manchmal dabei, dass ich denke, dass etwas im Außen der Schlüssel zu meinem inneren Glück sein könnte. Aber dann erinnere ich mich wieder an die Wahrheit und lasse meine Erwartungen los.

Ich will damit nicht sagen, dass wir alle auf einem Berg in China ohne Besitz leben und nur meditieren sollten, weil wir ja am Ende des Tages für unser Glück nichts im Außen brauchen. Natürlich haben äußere Umstände Einfluss auf unser Wohlbefinden. Ich bin zum Beispiel lieber in warmen Klimata am Meer und surfe dort, als in den Bergen von Alaska zu sein. Vielmehr will ich mit all dem sagen, dass unsere wirkliche Erfüllung woanders liegt – nämlich in unserem Wachstum, in der Akzeptanz unseres Selbst und all unserer Schatten, die uns davon abhalten, jetzt heute und im Moment unser Leben zu lieben und wertzuschätzen.

## RICHTE DICH AUF FÜLLE AUS

Warum ist das so, dass uns die Beziehung, das Haus am Meer oder das eigene erfolgreiche Business nicht glücklich, ausgefüllt und reich machen, sondern umgekehrt? Die Antwort liefert uns der Klassiker *The Secret* – was nicht so sehr ein Geheimnis ist, sondern ein Buch- und Filmtitel von Rhonda Byrne. Dahinter steckt ein ganz simples Prinzip: das Gesetz der Anziehung, nämlich das Gleiches Gleiches anzieht. Das, was du aussendest, kommt zu dir zurück. Der Schlüssel ist also, dich so zu fühlen, als hättest du all das, was du in deinem Leben haben und erleben möchtest – und du wirst es anziehen und manifestieren. Ich weiß, das mag etwas abgefahren klingen, aber wenn wir so tun, als ob wir schon alles haben, strahlen wir die nötige Energie aus (nämlich Fülle-Energie), die dann wie ein Magnet genau das anzieht. Du kannst dich heute schon reich und frei fühlen.

»Äh, wie denn bitte, Conni?« Auch dafür ist keine geheimnisvolle Mixtur nötig. Es reichen zwei ganz einfache Schritte:

### Erstens: Spüre Dankbarkeit für all die Dinge, die du schon in deinem Leben hast.

Dankbarkeit ist das beste Magnetgefühl, um Fülle anzuziehen. Warum? Denn wenn du dankbar bist, dann fühlst du dich ganz. Du bist schon in Fülle. Fülle zieht noch mehr Fülle an. Genauso wie Gefühle des Mangels noch mehr Mangel anziehen. Das Prinzip von Magneten. Dein Leben ist dein Spiegel. Was du denkst und was du fühlst, erschafft deine Realität. Wenn du dich dankbar und vollkommen fühlst, schickt dir das Leben noch mehr, um dich dankbar und vollkommen zu fühlen.

Wenn du dich aber so fühlst, als sei dein Leben einfach nur scheiße und alles sei gegen dich, bekommst du das Feedback und den Beweis vom Leben, dass es so ist, und es schickt dir noch mehr Mangel und Scheiße. Wenn du dich getrennt fühlst von dem, was du haben möchtest, wirst du es nur umso weiter von dir fernhalten.

Daher: Übe dich in Dankbarkeit, so oft und so lange es geht. Konditioniere dich auf Dankbarkeit und Fülle.

## Zweitens: Spüre Dankbarkeit für die Dinge, die du manifestieren willst, aber noch nicht in deinem Leben hast.

Visualisiere das, was du erreichen willst, so oft es geht. Stell dir dazu Folgendes vor: Wenn du ein Bild von deinem Lieblingsgericht siehst, läuft dir dann nicht schon das Wasser im Mund zusammen und du hast auf einmal Hunger? Oder du sitzt im Zug und fantasierst über deinen Partner oder Partnerin im Bett – auf einmal wirst du ganz heiß. Oder aber stell dir vor, ich würde dir sagen, dass ich dir gleich eine Million Euro schenke. Du freust dich mega und fühlst dich vollkommen abgesichert und in Fülle (obwohl du das Geld ja noch gar nicht hast). Fünf Minuten später sag ich dir – äh, sorry, war ein Witz, kriegst du doch nicht. Dann bist du angepisst. Zack, so schnell ändern sich Gefühlszustände!

Wir können uns also alles Mögliche einbilden und alles zu jeder Zeit fühlen – ob wir es haben oder nicht. Wenn du dich jedoch die ganze Zeit im Kopf, im Körper und auf Gefühlsebene damit beschäftigst, dass du das, was du willst, noch nicht hast, wenn du dich fragst, warum alles so lange dauert und wenn du dir ständig negative Glaubenssätze rund um deine Ziele einredest – dann bist du in der Mangel-Energie. Und die stößt im wahrsten Sinne des Wortes das, was du dir wünschst, ab. Byebye, geiles Leben!

Ein gutes Beispiel sind Singles, die unbedingt eine Beziehung und ihre Traumpartnerin finden wollen. Was passiert in den meisten Fällen? Nichts. Gar nichts. Sie können auf noch so viele Dates gehen und Tinder abgrasen. Die oder der Richtige ist nicht dabei. Ich kann davon ein Lied singen, denn ich war lange auf der Suche nach DER Beziehung und wurde immer wieder enttäuscht. Ich war ständig in der Mangel-Energie von Liebe und habe sie somit regelrecht abgeschreckt. Bis, ja, bis ich irgendwann durch all meine innere Arbeit endlich bei mir angekommen bin, mich selbst und mein Leben richtig angefangen habe zu lieben und mir selbst genug war. Ich war so erfüllt, dass ich auf einmal Fülle-Energie ausgestrahlt habe und nicht mehr auf der Suche nach DER Frau war und auch aufgehört habe zu daten. Und was ist passiert? Ich habe aus dem Blauen heraus eine wundervolle Frau kennengelernt.

Dasselbe kannst du auf den Geld- und Karrierebereich übertragen und auf alle anderen Dinge, die du unbedingt in deinem Leben manifestieren willst. Je mehr du sie willst, desto weniger bist du bereit für sie, desto weniger wirst du sie anziehen. Vordergründig, weil du in der falschen Energie durchs Leben läufst.

Hier ist eine kleine Meditation für dich, um dein bestes Leben endlich näher zu dir zu bringen. Mach diese Übung täglich für 10 bis 20 Minuten. Je länger, desto besser, aber auch wenn du nur fünf Minuten hast, ist das besser als gar nichts. Tune dich auch in deinem Alltag immer wieder in diese Gefühle ein – wenn du in der Schlange im Supermarkt stehst oder im Bus oder im Auto bist oder vor dem Einschlafen, beim Aufwachen, während du kochst…

*Energie wird durch Gefühle erzeugt. Das heißt, du kannst sie ändern. Simpel, aber nicht einfach.*

> **DU BIST DRAN: LEBE DEIN MAGIC LIFE!**
>
> Schließe deine Augen und atme tief durch. Erde dich und deinen Körper. Richte deine Aufmerksamkeit auf Dinge in deinem Leben, für die du dankbar bist: deine Familie, das Essen, das du täglich zu dir nimmst, die Reisen, die du in den letzten Monaten machen durftest.
> Spüre, was passiert, wenn ich dich frage:
>
> ◇ Wie fühlt es sich an, gut genug zu sein?
> ◇ Wie fühlt es sich an, erfolgreich zu sein?
> ◇ Wie fühlt sich dein erfülltes Leben an?
> ◇ Wie fühlt es sich an, deine Berufung gefunden zu haben und sie voll auszuleben?
> ◇ Wie fühlt es sich an, mit Selbstvertrauen deinen eigenen Weg zu gehen?
> ◇ Wie fühlt es sich an, die Welt zu verändern?
> ◇ Wie fühlt es sich an, frei von Angst zu leben?
> ◇ Wie fühlt es sich an, wenn du in dein Leben verliebt bist und dich richtig *high* fühlst, weil es so toll ist?
> ◇ Wie fühlt es sich an, jeden Monat 10 000 Euro ohne viel Mühe auf dein Bankkonto reinflattern zu sehen?
> ◇ Wie fühlt es sich an, wenn du finanziell in absoluter Fülle lebst?

Spüre und fühle. Das ist alles. Es geht nicht nur darum, deine Ziele zu visualisieren. Es geht darum, sie zu spüren. Verankere die Gefühle in deinen Körper und nimm sie mit in dein tägliches Leben.

## MAGISCHE MANIFESTATION

Was jetzt folgt, ist ein magisches Werkzeug, quasi aktives Manifestieren vom Feinsten. Du malst dir deine eigene Zukunft in allen Farben und Details aus. Denn wenn du dir deine Zukunft vorstellen und sie erfühlen kannst, kannst du sie auch wahr werden lassen. Unser Gehirn und unsere Körper können nicht unterscheiden zwischen dem, was tatsächlich passiert ist, und dem, was noch kommen wird. Sie können nicht unterscheiden zwischen wirklich und unwirklich.

Diese Methode ist ein Brief, geschrieben von unserem zukünftigen Ich an unser heutiges Ich. Du kannst dir auch vorstellen, du schreibst einen Brief an einen Freund oder an ein Familienmitglied. Darin erzählst du, wie dein Leben in der Zukunft aussieht. Lege den Fokus darauf, dich mit dem zu verbinden, was du fühlen möchtest, nicht nur auf die physische Manifestation. Wenn du mit den Gedanken und Gefühlen, die sich zeigen, sobald deine Wünsche erfüllt sind, im Einklang bist, gibst du dem Universum und dem Gesetz der Anziehung Raum, ihre Arbeit zu machen. Dann werden sich für dich Türen öffnen, du wirst die richtigen Menschen treffen und erhälst scheinbar aus dem Nichts die Mittel und Dinge, die du willst und brauchst.

*Alles ist real, wenn du es denken und fühlen kannst.*

Wenn du den Brief per Hand schreibst, prägt sich das Geschriebene noch besser in dein Unterbewusstsein ein. Gehe bei der Beschreibung deines Lebens ins Detail und sei ganz ausführlich. Sei dabei so spezifisch und kreativ, wie du nur kannst, weil anschauliche Details und die Klarheit deiner Sehnsüchte dir bei der Vergegenwärtigung deiner Vorstellungen helfen. Schildere nicht nur die äußeren Aspekte deines Lebens, sondern auch deinen Lebensstil, die Atmosphäre und deine Gefühle.

Verstehe, dass dies einem Brief an das Universum gleichkommt. Du BIST das Universum, und das Universum bist du.

## EIN BRIEF AN DEINE ZUKUNFT

◇ **Hebe deine Stimmung.**
Der erste Schritt ist wie immer, in eine hohe Vibration/Schwingung zu gelangen. Es ist der Schlüssel zur Manifestation des Erfolgs. Ich hebe meine Stimmung/meinen Vibe, indem ich meine Lieblingsmusik höre. Dann verbringe ich ein paar Minuten damit zu meditieren und stimme mich darauf ein, ins Leben verliebt zu sein.

◇ **Zeit zu schreiben.**
Sobald du deine Energien angehoben hast, setz dich hin und mach dich bereit zu schreiben. Dies ist eine Übung ohne Grenzen – lass sie vor der Tür stehen. Zur Erinnerung: Du kannst alles machen und haben, was du willst. Deine Grenzen existieren nur in deinem Kopf.

◇ **Schreibe oben das Datum hin.**
Und zwar den heutigen Tag in einem Jahr. Du kannst natürlich einen anderen Zeitrahmen benutzen (zum Beispiel sechs Monate). Ich finde es jedoch effektiver, auf ein ganzes Jahr zurückblicken zu können.

◇ **Schreibe bis ins Detail auf, wie dein Leben in der Zukunft sein wird.**
Wo lebst du? Wie lebst du? Woran arbeitest du? Welche tollen Sachen sind dir passiert? Wie sieht dein Tag aus? Eine ausführliche Liste mit Fragen findest du im Arbeitsblatt zu dieser Übung.

→ *Das ausführliche Arbeitsblatt zum »Brief an deine Zukunft« findest du unter www.findyourmagic.de*

**Hier noch ein paar Tipps für diese Übung:**

◇ Gehe deinen gesamten Tag durch, von der Minute, in der du aufwachst, bis zum Zubettgehen.

◇ Schreibe in der Gegenwarts- oder Vergangenheitsform, nicht in der Zukunftsform.
Zum Beispiel: »Ich habe ein erfolgreiches Unternehmen und Geld spielt keine Rolle.« – »Ich habe auf dieser riesigen Konferenz vor tausend Menschen gesprochen, und es hat sich unglaublich angefühlt.«

◇ Fasse die Emotionen in Worte, die du vom Erhalt dieser Dinge fühlst, und die Emotionen, die sich bei der Auseinandersetzung mit diesen Dingen zeigen, etwa: »Ich fühle mich so leicht mit meinem erfolgreichen Business. Ich fühle mich so erfüllt und verbunden, so viele unglaubliche Leute treffen zu können.«

◇ Vermeide negative Formulierungen, selbst wenn auch Hürden und Probleme Teil der Geschichte sind. Schreibe also nicht: »Ich habe keine Geldsorgen mehr« oder »Ich bin nicht mehr krank«, sondern: »Ich bin wohlhabend und gesund.«

◇ Öffne deine Vorstellungskraft und dein Herz wagenweit und lass die Logik hinter dir. Du verlierst nichts, wenn du deinem Gehirn erlaubst, alle Sehnsüchte herausfließen zu lassen, sondern erhältst die Möglichkeit, diese Wünsche anzuziehen.

◇ Komme regelmäßig zu deinem Brief zurück, lies ihn dir immer wieder durch. Wiederholung ist entscheidend! Denn erinnere dich: Unser bewusstes Gehirn lernt durch sich wiederholende Tätigkeiten.

◇ Redigiere und bearbeite den Brief, wann immer dir danach ist. Du kannst deine Zukunft jederzeit verändern. Es ist dein Leben, und du allein bist die Gestalterin.

# HÖRE AUF, DICH ANZUPASSEN

Um deinen eigenen Weg zu gehen, dein Ding zu machen und deine volle Wahrheit auszuleben, ist es wichtig, dir genau anzuschauen, wie du bisher alles gemacht hast, und dann zu überlegen, ob das wirklich im Einklang mit dir, deinen Werten und deinem Wesen ist. Die Aussage »So wurde es immer gemacht« haben wir ja bereits als Konditionierung und limitierenden Glaubenssatz kennengelernt. Dennoch rennen wir oft, ohne zu überlegen und das zu hinterfragen, einem Status quo hinterher und nehmen Konventionen in Kauf, mit denen wir eigentlich überhaupt nicht übereinstimmen. Wir sind überzeugt, in unseren Gedanken und in unserem Tun frei zu sein, aber im Grunde ist das nur eine Illusion. In so gut wie jeder Gesellschaft und Kultur gibt es einen Status quo: also einen aktuellen Konsens darüber, wie wir denken, Dinge tun und leben. Weil etwas ganz gut funktioniert, wird es weiter so gemacht, ohne nach möglichen neuen Wegen zu suchen.

Der Mensch mag Veränderung nicht besonders gern, denn sie kann bedrohlich sein. Die Männer hatten zum Beispiel wenig Lust darauf, dass die Emanzipationsbewegung den Status quo herausfordert, damit Frauen mehr Rechte bekommen, endlich wählen »dürfen« und so weiter. Viele Männer hatten Angst vor dieser Veränderung und davor, ihre patriarchale Macht aufzugeben. Heute ist es in vielen Ländern normal, dass Frauen arbeiten und wählen gehen – und in vielen immer noch nicht.

Oder hast du dir mal überlegt, warum wir drei Mal am Tag essen und warum die Frühstücksmahlzeit anders aussieht als das

Mittag- und Abendessen? In Asien und vielen anderen Kulturen wird dagegen drei Mal am Tag etwas Ähnliches gegessen.

## BESTIMME DEINEN EIGENEN STATUS QUO

Dem Status quo zu folgen bedeutet, der Herde, der Masse zu folgen. Das ist an sich nichts Schlimmes und wenn dir das so passt und du damit kein Problem hast – hau rein. Ich selbst liebe es ja, den Status quo herauszufordern und meinen persönlichen Status quo zu leben:

◇ 2011 war es noch nicht gang und gäbe, sich mit einem Online-Business selbstständig zu machen, als digitale Nomadin die Welt zu bereisen und von passivem Einkommen zu leben. Ich hab's trotzdem getan.
◇ Ich habe noch nie Fleisch oder Fisch gegessen, auch als Kind nicht. In den 80ern und 90ern in Bayern aufzuwachsen, ohne Fleisch zu essen, war keine normale Angelegenheit. Ich habe mich als Kind immer geschämt, wenn ich bei Freunden zum Essen eingeladen war und das Fleisch nicht wollte.
◇ Ich hatte die längste Zeit meines Lebens lange Haare, weil ich darauf konditioniert war, dass man als Frau das am besten so trägt. Vor einigen Jahren habe ich sie dann abgeschnitten und habe mich sofort mehr nach mir gefühlt.
◇ Ich habe noch nie gerne viele Dinge besessen oder mein Geld in teure Dinge investiert. Mir gefällt ein minimalistischer Lebensstil besser.

Es gibt verschiedene Arten, dieselbe Sache zu tun. Und es gibt natürlich immer auch verschiedene Trends, die den Status quo neu definieren, besonders in modernen urbanen Gesellschaften: so zum Beispiel vegane Ernährung, Straight Edge (ein Leben ohne Alkohol, Drogen oder Nikotin), Minimalismus, Zero oder Low Waste. Vielleicht findest du dich in einem dieser Trends wieder, vielleicht stemmst du dich aber mit deinem Lebensstil genau dagegen.

Natürlich kann es immer sein, dass das die Traumkiller auf den Plan ruft, dass Leute dich schief anschauen, dich bewerten oder deine Ideen doof finden. Nimm das als gutes Zeichen. So viele gute Ideen, Entwicklungen und Erfindungen wurden in ihren Ursprüngen von der Gesellschaft abgelehnt oder verspottet.

*Ganz egal, ob deine Umwelt deine Entscheidung befürwortet oder nicht: Den Status quo für dein Leben bestimmst nur du!*

Menschen tendieren einfach dazu, Neues und Anderes abzuwerten. Das hat nichts mit der Idee oder mit dir an sich zu tun und das Schlimmste wäre, es persönlich zu nehmen. Sich gegen den Status quo zu richten, geht einfach oft damit einher, dass einen andere Leute für naiv oder blöd halten.

Aber das Schlimmste, was passieren kann, ist dann tatsächlich für eine Weile wie eine Idiotin dazustehen. So what? Schlimmer finde ich es, ein Leben zu führen, mit dem man sich schön anpasst und seine eigene Wahrheit ignoriert, nur damit man nicht komisch angeschaut wird oder aneckt. Wirkliche Freiheit bedeutet, vollkommen du selbst zu sein, und du selbst zu sein kann oft bedeuten, den herrschenden Status quo zu ignorieren.

Ich dachte die längste Zeit meines Lebens nicht, dass ich jemals besessen von Yoga oder Meditation sein würde. Und siehe da, ich kann mir mein Leben nicht mehr ohne vorstellen. Oder gesunde Ernährung und grüne Säfte – ich habe mich nie dafür interessiert und fand alles Grüne total eklig. Heute bekomme ich nicht genug von grünen Smoothies und kann mir nicht mehr vorstellen, nur verarbeitetes Essen und so viel Zucker zu mir zu nehmen. Die einzige Möglichkeit, wirklich zu wissen, wie du dein Leben führen und gestalten möchtest, ist es, viele unterschiedliche Lebensstile und Dinge auszuprobieren. Hier kommt dazu dein Trainingsplan:

## WIE DU DEINEN EIGENEN STATUS QUO DEFINIEREN KANNST

- **Frage WARUM?**
  Fange an, deinen Warum-Muskel zu trainieren.
  Gehe wie ein Kind durch die Welt und durch deinen Alltag. Kleine Kinder fragen die ganze Zeit WARUM, während sie die Welt erkunden. Warum ist der Himmel blau und der Bus gelb? Warum tragen wir Schuhe? Warum muss ich schlafen? Werde neugierig wie ein Kind: Warum mache ich etwas so, wie ich es mache? Warum machen wir in unserer Gesellschaft etwas auf diese bestimmte Art und Weise?
- **Finde heraus, ob es andere Wege gibt, um ans selbe Ziel zu kommen.**
  Sich inspirieren zu lassen, ist heute ganz einfach, denn eine wirklich gute Sache bringen das Internet und Social Media mit sich: Menschen teilen dort ihre Erfahrungen, wie sie Dinge tun und was sie gelernt haben. Du kannst dort von Leuten lernen, die Zero Waste leben oder ohne Möbel, die allein durch die Wüste reisen und so weiter.
- **Finde heraus, welcher dieser Wege am besten zu dir, deinem Typ und deinen Bedürfnissen passt.**
  Öffne deinen Geist und experimentiere mit Arten und Weisen, die du vielleicht sonst nur belächelt hast.

Das Ding ist, du bist eine einzigartige Schneeflocke und ich bin eine einzigartige Schneeflocke. Deinen Fingerabdruck gibt es (bei fast 8 Milliarden Menschen!) nur ein einziges Mal auf dieser Welt und meinen auch. Also höre auf, dich anzupassen! Höre auf, den Erfolgsvorstellungen anderer Menschen zu folgen – weder denen deiner Eltern noch denen der Gesellschaft! Sei du selbst und lebe deine Individualität aus!

## SCHLUSS MIT »ICH MUSS«!

Wenn ich zwei Satzanfänge nicht mag, dann: »Ich sollte…« und »Ich muss…« Was die mit uns machen? Sie halten uns davon ab, unsere Einzigartigkeit auszuleben. Stattdessen lernen wir, dass das, was uns einzigartig macht, eventuell komisch ist und unerwünscht. Also drehen wir unseren Einzigartigkeitsregler runter und versuchen so zu sein wie andere, passen uns an, machen es anderen recht. Denn dann bekommen wir mehr Liebe und Akzeptanz. Also eine total verquere Situation!

Für mich war es lebensverändernd, endlich zu erkennen, wie wichtig es ist, all das, was mich anders und eventuell komisch macht, voll anzunehmen und auszudrücken. Ich bin eine homosexuelle Tomboy-Frau, die vegan und minimalistisch lebt, die sich für Spiritualität interessiert, aber auch gern Skateboard fährt und surft. Ich liebe alles, was mit Kameras zu tun hat. Weil ich mich oft nicht sonderlich weiblich an-

*Es wird immer Leute geben, die dich in Schubladen stecken wollen und dich komisch anschauen werden. Lass sich davon nicht beirren!*

ziehe und einen Kurzhaarschnitt trage, werde ich oft für das andere Geschlecht gehalten – zum Beispiel, wenn ich auf öffentliche Toiletten gehe. Ich lass mir meine Haare gern in für Männer vorgesehenen Barbershops schneiden. Ich bin gern alleine und bleibe freitagabends am liebsten zu Hause, um kreativ zu sein. Ich mag es, Fuck zu sagen und meine Cap verkehrt herum zu tragen. Ich lass mir bei der Pediküre oft meine Fußnägel in Regenbogenfarben anmalen.

Für einiges davon habe ich mich lange Zeit geschämt oder wurde blöd angemacht. Na und? Viele Menschen da draußen werden mich und meine Art zu leben nie verstehen – und das ist vollkommen okay so. Es wird, wie es aussieht, solange ich lebe, homophobe Menschen geben – ich sage: Fuck it, ich liebe mich trotzdem.

## LIEBE, WAS DICH ANDERS MACHT

Viele der erfolgreichsten und coolsten Leute auf dieser Welt waren oder sind in irgendeiner Form Freaks. Ein wunderbares Beispiel dafür ist Jason Zook. Er hat mehrmals seinen Nachnamen an Brands verkauft und lief für einige Zeit zum Beispiel als Jason Surfrapp durchs Leben. Oder die erfolgreiche YouTuberin Ari Fitz. Sie hat jahrelang ihre Haare am Kinn gezupft, bis sie irgendwann gelernt hat, sie zu akzeptieren, und lässt nun stolz ihren Frauenbart blühen.

Egal wie schräg und anders, du darfst dir die Erlaubnis geben, all das zu wollen und zu tun, was dir Freude bringt und was dir wichtig ist. Und wenn du denkst – »Öh, Conni, ich hab nichts, was mich anders und einzigartig macht«, dann ist wahrscheinlich dein innerer Kritiker am Start, der dir einreden will, dass du nichts Besonderes bist.

*Wir dürfen wieder lernen, voll und ganz wir selbst zu sein, mit all unseren eigenartigen Träumen und Wünschen.*

Du musst gar nicht Superman oder Superwoman sein, um dich als etwas Besonderes zu fühlen. Deine Einzigartigkeit kann sich in so vielen kleinen Dingen zeigen, du musst sie nur an dir selber wahrnehmen und schätzen lernen.

Mit den folgenden Fragen kannst du dir deine Einzigartigkeit bewusst machen und sie ins helle Licht des Tages rücken.

### ENTDECKE DEINE EINZIGARTIGKEIT

- ◇ Was hat dich als Kind oder Jugendliche anders und komisch gemacht?
- ◇ Wofür hast du dich lange geschämt (oder tust es immer noch)?
- ◇ Beobachte dich, während du so durch den Alltag gehst. Was machst du anders als andere? Was finden andere komisch an dir?
- ◇ In welchen Bereichen des Lebens hältst du dich zurück? Wo drückst du noch nicht deine volle und ganze Wahrheit aus?
- ◇ Was finden andere Leute verrückt, was du ganz normal findest?
- ◇ Siehst du vielleicht durch physische Merkmale anders aus als andere? Weil du große Ohren hast, seltsame Muttermale, schiefe Zähne oder sechs Zehen?

### MACH DEINE EIGENEN ERFAHRUNGEN

Stell dir vor, du hast unbegrenzt Geld und Zeit: Was willst du im Leben noch erfahren, bevor du stirbst? Schreibe es auf. Ganz egal, was dir dazu in den Sinn kommt. Denke an Menschen, die du kennst, die schon tolle Sachen gemacht haben und die dich inspirieren. Setz deinen Fokus auf Erfahrungen, nicht auf Dinge.

Sei so »unrealistisch«, wie du nur willst. Alles ist möglich. Nur dein Kopf setzt dir Grenzen. Die folgende Tabelle kann dich dabei vielleicht inspirieren.

| Lebensbereich | Beispiele für mögliche Erfahrungen |
|---|---|
| Familie | Deine ganze Familie auf eine Reise nach Argentinien einladen |
| Gesundheit | Ein Fasten-Retreat oder einen Meditationskurs machen |
| Reisen | Hawaii oder Japan kennenlernen, im Südpazifik segeln |
| Beziehungen | Gemeinsam mit deinem Partner oder einem deiner Kinder surfen lernen |
| Sexualität | Einen Tantra-Kurs machen, eine Yoni-Massage erhalten |
| Fitness | Einen Marathon laufen oder 100 Push-ups machen |
| Abenteuer | Den Kilimanjaro besteigen, einen Fallschirmsprung machen |
| Zuhause | Am Meer wohnen, einen Garten haben |
| Sozialleben | Regelmäßig ein Essen mit Freunden veranstalten oder einen Buchklub gründen |
| Karriere | Ein Business starten, ein Team leiten, eine NGO gründen |

## ACHTE AUF DEINE GEFÜHLE

Wenn es darum geht, bestimmte Erfahrungen zu machen und Ziele zu erreichen, ist noch etwas anderes enorm wichtig: nämlich zu erkennen, dass sich hinter jedem Verlangen ein Gefühl versteckt. Und deine Gefühle bringen dich näher an deine Seele. Am Ende des Tages nehmen wir unser Leben durch Gefühle wahr. Ich fand diese Erkenntnis total faszinierend, denn das bedeutet, dass die konkrete Manifestation eines Ziels eigentlich nicht so wichtig ist, wie wir immer gern denken. Es geht vielmehr darum, wie sich die Ziele ANFÜHLEN.

Du willst am Strand leben? Cool. Was du wirklich willst, ist das Gefühl, das dir das Meer und ein Leben am Meer gibt. Du willst dein eigenes Business? Mega. Was du wirklich willst, ist das Gefühl, kreativ und frei zu sein und anderen Menschen zu helfen. Viele Menschen sehen mein Leben als digitale Nomadin und wollen das auch, das mit dem Welt-Bereisen und von überall arbeiten. Was sie aber wirklich wollen, ist das Gefühl von Freiheit. Das Ding ist nur – mein Leben ist mein Leben, es funktioniert für mich. Viele Menschen, die meine Variante »kopiert« haben, haben nach ein paar Monaten festgestellt, dass das gar nichts für sie ist. Dass sie gar keine Lust haben, ständig unterwegs zu sein, und sich nirgendwo zu Hause zu fühlen. Sie fanden das Konzept an sich spannend, wollen aber eigentlich etwas anderes. Das heißt, sie haben ein Bedürfnis nach Freiheit, aber die konkrete Art, wie sie diese erfahren können, kann total anders sein als meine Variante, Freiheit zu leben.

Hinter jedem dieser Wünsche steckt ein Gefühl, und deine Gefühle leiten dich hin zu deiner Seele und zu deiner Wahrheit.

*Wir hetzen bestimmten Vorstellungen hinterher, aber was wir wirklich wollen, ist das GEFÜHL, das mit diesen Vorstellungen verbunden ist.*

Daher ist jetzt die Zeit gekommen, herauszufinden, wie du dich im Leben fühlen möchtest. Um diese Entscheidung für dich überschaubarer zu machen, habe ich eine Liste an Gefühlen zusammengestellt, mit der du arbeiten kannst. Für die Auswahl gibt es ein einfaches Prinzip, das du immer wieder anwenden kannst. Ich nenne es, das **Drei-von-zehn-Prinzip:**

Unterstreiche in der nachfolgenden Liste so viele Gefühle wie möglich, die dich ansprechen. Wähle im zweiten Schritt zehn Gefühle aus und schreibe sie auf. Dann kürze diese Liste auf drei Gefühle. Die Liste ist nicht allumfassend, daher ergänze Gefühle, die du nicht darin findest.

## WIE MÖCHTEST DU SEIN UND DICH IN DEINEM LEBEN FÜHLEN?

Bewusst – wertgeschätzt – geführt/gelenkt – flexibel – wichtig/bedeutungsvoll – erfolgreich – angenommen/akzeptiert – magnetisch/unwiderstehlich – kompetent – mitreißend – überfließend – strahlend – leuchtend – schwerelos – verbunden – stark – weit/ausdehnend – frei – verwandelt – zielgerichtet – gelassen – leichtherzig – bereit – aufgeschlossen/aufnahmefähig – kreativ – mächtig – im Flow – aufregend – majestätisch – unaufhaltsam – grenzenlos – gütig/barmherzig – unendlich – kosmisch – elegant/anmutig – unvergesslich/denkwürdig – selbstbewusst – offen – lustvoll – geerdet – verwurzelt – attraktiv – großzügig/freigiebig – magisch – innovativ – ekstatisch – euphorisch – intuitiv – gereinigt/rein – ausdrucksstark – temperamentvoll/lebendig – fröhlich – wohlgenährt/gepflegt – gekrönt – heimisch – einladend – friedlich – mitfühlend – inspirierend – elektrisierend – einflussreich – leidenschaftlich – aufblühend – harmonierend – sprudelnd/überschäumend – schillernd/glänzend – weltverbesserlich/unbedarft – träumerisch – verschwenderisch – begeistert – wohlhabend – klug/geschickt – warmherzig – erwärmend – glühend – faszinierend – hypnotisierend – befreit – golden – erhaben – sinnlich – verständnisvoll – lebhaft/beherzt – unternehmungslustig/geschäftstüchtig – durchsetzungsfähig – angestellt/angeheuert – gesegnet – verziert/geschmückt – überhäuft – brillant/großartig – vorausschauend/initiativ – einfallsreich/erfinderisch/ideenreich – gespannt/erwartungsvoll/fordernd – wohltätig/menschenfreundlich – gewinnbringend – zeitlos

# INTUITION: NUTZE DEINE SUPERKRAFT

Die Menschheit der modernen Zeit hat ein Problem. Ein Kopfproblem. Dass so viele Menschen keine Ahnung haben, was sie eigentlich vom Leben wollen und was ihre Bestimmung oder Leidenschaften sind, liegt nicht zuletzt daran, dass ihnen der Zugang zu ihrer Intuition fehlt oder dieser Zugang verkümmert ist. Sie versuchen, alle Antworten mit und in ihrem Kopf zu finden, während sie von ihrem Körper völlig entkoppelt sind und seinen Signalen nicht vertrauen.

Dabei verwirrt uns unser Kopf nur, doch unsere Intuition bringt uns Klarheit. Aber unsere Intuition widersetzt sich rationaler Logik und wir vertrauen deshalb unserem Kopf mehr als unserem Herz. Warum? Weil wir so konditioniert wurden. Die meisten von uns haben wenig Übung darin, intuitive Messages zu identifizieren und zu fühlen, denn westliche Bildungsmethoden fokussieren vordergründig auf Fähigkeiten der linken Gehirnhälfte. Albert Einstein hat das mal so formuliert: »Der intuitive Geist ist ein heiliges Geschenk und der rationale Verstand ein treuer Diener. Wir haben eine Gesellschaft erschaffen, die den Diener ehrt und das Geschenk vergessen hat.«

> *Unser Herz weiß immer, was es will und was gut für uns ist.*

Dabei ist Intuition eine echte Superkraft: Sie gibt uns die Fähigkeit, etwas zu wissen, ohne analytisch und rational zu denken. Sie schlägt die Brücke zwischen unserem Bewusstsein und unserem Unterbewusstsein und zwischen Instinkt und rationalem Urteilsvermögen beziehungsweise Denken. Die Wissenschaft hat noch nicht abschließend herausgefunden, wie Intuition funktioniert, aber zumindest festgestellt, dass intuitive Erfahrungen mit chemischen Reaktionen im Körper einhergehen. Nicht umsonst sprechen wir von unserem Bauchgefühl, unserem sechsten Sinn, unserem inneren Navigationssystem oder dem »Tief in mir drin«-Gefühl.

Wenn du deine Intuition und innere Stimme nicht hören kannst, liegt das meist an zwei Gründen:

◇ Du kannst sie nicht hören, weil dein Leben im wahrsten Sinne zu laut und beschäftigt ist.
◇ Du hörst sie, aber vertraust ihr nicht.

Aber auch wenn das so ist: Du kannst lernen, deine Intuition zu hören und ihr zu vertrauen. Das ist nicht nur bestimmten Menschen vorbehalten. Du musst sie lediglich benutzen und mit ihr experimentieren, denn nur so kannst du deine Verbindung zu ihr stärken.

## RAUS AUS DEM KOPF UND REIN IN DEINEN KÖRPER

Ich war die meiste Zeit meines Lebens total kopflastig, und meine Gedanken haben sich ständig nur im Kreis gedreht. Man könnte sagen, ich war eine zwanghafte Grüblerin. Aber auf meinem Weg zu mir selbst und zu meiner Bestimmung habe ich gelernt, mich mehr und mehr mit meinem Körper zu verbinden, und weiß heute, dass er alle Antworten für mich parat hat. Ich weiß mit absoluter Sicherheit, dass meine Intuition und mein Herz immer wissen, was gut für mich ist und in welche Richtung ich gehen soll. Deshalb vertraue ich bei allen Entscheidungen zu 99 Prozent nur noch auf meine innere Stimme – auch wenn sie oft genug genau das Gegenteil von dem sagt, was mein

Kopf will und mein rationaler Verstand für angemessen und richtig hält. Aber mit viel Übung ist der Muskel meiner Intuition gewachsen und ich bin allgemein feinfühliger geworden. Unterm Strich habe ich damit mehr Entscheidungsmacht, als wenn ich nur meinen Kopf und meine Ängste den Taktstock schwingen lassen würde.

## HÖRE DIE STIMME DEINER INTUITION

Dein Körper lügt NIE. Er sagt immer die Wahrheit. Und wenn deine Intuition und dein Körper eine Direktverbindung haben, sendet dir deine Intuition auch immer die Wahrheit. Deine Wahrheit. Wie gesagt: Das mag nicht die Wahrheit der Gesellschaft oder die deiner Eltern oder Freunde sein, daher weisen wir sie oft zurück und tun sie als irrelevant ab. Aber es ist deine individuelle, authentische Wahrheit.

Ohne eine starke intuitive Verbindung fährst du wie jemand ohne Straßenkarte, Google Maps oder GPS durch die Gegend und wunderst dich, warum du nirgendwo ankommst.

Du kannst diese Verbindung aber aktiv und praktisch unterstützen, was ich dir unbedingt ans Herz lege, wenn du wirklich

> *Die beste Art, deine Intuition zu verbessern oder ihre Lautstärke aufzudrehen, ist es, ihr öfter mal zuzuhören.*

deine Bestimmung ausleben und deinen Weg gehen willst. Deine Intuition ist wie eine Radiostation, die ständig Signale sendet. Du musst lediglich die richtige Wellenlänge und die Frequenz finden – und das an zwei Reglern:

**Lautstärke:** Je leiser du wirst, desto mehr kannst du hören.
**Tempo:** Je ruhiger du wirst, desto mehr kannst du fühlen.

Deine Intuition braucht Freiraum, um mit dir zu kommunizieren. Wenn du sie oder dich unter Druck setzt oder Erwartungen hast, wirst du das Gegenteil erfahren: nämlich gar nichts.

Manchmal kommt die Antwort vielleicht nicht gleich oder sie ist nicht direkt klar. Dann nimm dir Zeit und habe etwas Geduld. Geh mit offenen Augen, einem offenen Geist und einem offenen Herzen durch deinen Alltag. Deine Intuition spricht mit dir in unterschiedlichen Sprachen: durch Gefühle und körperliche Signale, aber auch durch spontane Erkenntnisse und Verknüpfungen, durch Symbole und Ereignisse und Synchronizitäten in deiner Umgebung.

Aber dadurch, dass wir so daran gewöhnt sind, ständig in Aktion und beschäftigt zu sein, haben wir verlernt, einfach nur ruhig und still mit uns selbst zu sein und die Messages unserer Seele zu uns durchdringen zu lassen. Und selbst wenn wir nicht beschäftigt sind, lenken wir uns mit anderen Dingen ab wie mit unserem Smartphone, mit Social Media, Netflix, Alkohol, Essen oder Shopping oder, oder, oder. Viele von uns leben zudem in Städten und großen Ballungsräumen, die einen nur schwer wirklich zur Ruhe kommen lassen. Wie soll da unsere Intuition die Chance haben, zu uns durchzudringen?

Sie schafft das, je mehr Zeit du damit verbringst, dich und dein Leben zu verlangsamen. Je ruhiger du wirst und je mehr du nach innen hörst. Eben deshalb ist Meditation so unglaublich wertvoll und nützlich. Genauso wie die Natur. Beides lehrt uns Stille und schafft eine Verbindung zu uns selbst und zu unserer Intuition. Nach und nach wirst du feinfühliger werden und erkennen, wie wichtig deine Intuition ist und dass es an der Zeit ist, sie richtig ernst zu nehmen. Dass sie keine fadenscheinige Erfindung von Frauen oder der spirituellen Persönlichkeitsentwicklungsindustrie ist (O-Ton von vielen männlichen Wesen).

## TOOLS UND TIPPS, UM DICH MIT DEINER INTUITION ZU VERBINDEN

**Schau nach innen:** Mach es dir zur Gewohnheit, im Laufe des Tages immer mal wieder die Stopptaste zu drücken und dich zu fragen: »Wie fühle ich mich gerade?«

**Spüre in dich hinein:** Nimm jedes Mal, wenn du eine emotionale Reaktion in dir bemerkst, das Gefühl wahr. Frage dich, woher es kommt und was es dir sagen will.

**Gönne dir Ruhepausen:** Gehe in der Natur spazieren oder meditiere, am besten täglich. Mach Yoga oder Atemübungen, die auch deinem Körper guttun.

**Reflektiere deinen Alltag und deine Gefühle:** Schreibe zum Beispiel täglich Morgenseiten.

**Fördere deine Kreativität:** Mach Dinge oder wiederholende Bewegungen, die deine rechte Gehirnhälfte beanspruchen, zum Beispiel Tanzen, Zeichnen, Malen, Musik machen, Schwimmen…

**Schule deine Wahrnehmung:** Nimm deine fünf Sinne aktiver wahr und übe, deine Aufmerksamkeit auf sie zu richten.

**Plane Auszeiten ein:** Verabrede dich mindestens einmal in der Woche mit dir selbst, um nur mit dir allein richtig Quality Time zu verbringen. Das ist wichtig, denn wenn du ständig Menschen um dich herumhast, kannst du dich selbst schwerer hören.

**Lerne, mit dir selbst allein zu sein:** Wenn du damit Probleme hast oder dich schnell einsam fühlst – dann musst du dies umso mehr üben. Einsamkeit ist der Schrei deines inneren Selbst nach mehr Verbindung.

## VERTRAU DEINER INTUITION

Aber woher kannst du wissen, dass deine Intuition zu dir spricht und nicht deine Ängste oder dein Wunschdenken im Spiel sind? Ja, die Unterschiede sind subtil, aber dennoch spürbar. Reines Wunschdenken resultiert stärker aus einer Bedürftigkeit heraus, fühlt sich eher unruhig an, geht hoch und runter und ist kein geerdetes, inneres Gefühl. Angst fühlt sich nach Stress im Körper an, nach Anspannung und Unruhe.

Intuition hingegen ist ohne Anhaften, sie fühlt sich mehr nach Loslassen an, fühlt sich wahr an, entspannt, geerdet und beständig. Du fühlst eine Energie der Leichtigkeit und Weite in Bauch und Brust. Wenn sich etwas leicht anfühlt, ist die Energie in deinem Körper im Fluss und dein Atem ist tiefer. Du kennst das selbst – wenn du glücklich und erfüllt bist, fühlst du dich leicht. Wenn du traurig bist oder etwas nicht wirklich machen willst, fühlst du dich schwer. Wenn du etwas mit einem schweren und zusammenziehenden Gefühl machst, ist es dein Ego-Kopf, der dich dazu überredet hat. Du verspürst eventuell sogar unterschwelligen Stress.

Das Problematische an den Nachrichten deiner Intuition ist auch, dass sie oft unpassend und ungünstig scheinen. Oftmals ist die Wahrheit unangenehm, denn sie verlangt immer, dass du dich mit ihr konfrontieren und eventuell Veränderungen vornehmen musst. Also ignorieren wir sie. Das bedeutet nicht, dass mit deiner Intuition etwas nicht stimmt, sondern mit deiner Konditionierung.

*Es bringt dich nicht weiter, deine innere Stimme zu hören, aber dann nicht in Aktion zu kommen.*

Kann auch sein, du hörst deine Intuition laut und klar, aber entscheidest dich trotzdem, ihr nicht zu vertrauen, weil du Angst hast. Aber du musst raus aus der Angst und rein in die Freiheit! Denn weißt du, was passiert, wenn du deine innere Wahrheit und deine Intuition zu lange ignorierst? Sie schicken dir immer lautere Nachrichten. Oft werden Menschen chronisch krank, weil sie ein Leben führen, das nicht im Einklang mit ihrem Wesen und ihrer Seelenwahrheit steht. Oder aber drastische Ereignisse passieren, um sie endlich aufzuwecken und um sie zu pushen, endlich etwas zu verändern. Vielleicht das Ende einer Beziehung, ein plötzlicher Tod in deinem Umfeld, Verlust von viel Geld, Kündigung des Jobs, ein Unfall ... Deshalb ist es so wichtig, deine Intuition ernst zu nehmen und ihre Antworten besser zu hören!

Mit der nachfolgenden Übung kannst du dein Intuitionsgehör schulen und verbessern:

## DIE STIMME DEINER INTUITION VERSTEHEN UND ANTWORTEN ERHALTEN

- ◇ Nimm dir Papier und Stift. Wähle eine Frage, die du gerade hast, oder eine Entscheidung, bei der du unsicher bist, und schreibe die Frage auf.
- ◇ Entspanne deinen Geist, werde ruhig. Atme. Fühle in die Frage oder Entscheidung rein.
- ◇ Fühlt es sich leicht oder schwer an? Weitet sich dein Körper aus oder zieht er sich zusammen?
- ◇ Wenn du Angst spürst, frag das Gefühl, ob du es aus der Vergangenheit kennst und es vorher schon einmal gespürt hast.
- ◇ Stelle einen Timer auf 90 Sekunden und schreibe, was in dir hochkommt, ohne zu denken.
- ◇ Spüre dann noch einmal nach, was dein Kopf sagt, und schreibe es auf. Nimm deine Hände auf deine Brust: »Mein Herz sagt ...« Fühle den Unterschied.

# TRIFF ENTSCHEIDUNGEN

Bist du bereit für richtig gute Nachrichten? Also gut! Hier sind sie: Es gibt keine falschen Entscheidungen. Nie. Keine Entscheidung ist je eine falsche Entscheidung. Jede Entscheidung ist die richtige Entscheidung. Die einzige wirkliche falsche Entscheidung ist die, keine Entscheidung zu treffen.

Denn: Keine Entscheidung = keine Entwicklung und kein Fortschritt.

Es ist eine Illusion, davon auszugehen, dass es richtige und falsche Entscheidungen gibt. Und selbst wenn du überzeugt bist, die »falsche« Entscheidung getroffen zu haben, ist das nur deine Bewertung. Du bist nicht gescheitert und es gibt nichts zu bereuen, denn das Leben passiert immer für dich. Wenn du dich dafür öffnest, kannst du durch jede Entscheidung lernen. Denn jede Entscheidung bringt dich genau dahin, wo du sein sollst. Wenn du dem vertraust, bist du im Flow des Lebens.

Manche Wege, die wir gehen, sind mysteriös, aber notwendig. Das Timing des Lebens ist immer perfekt. Daher bringt es auch nichts zurückzuschauen und sich zu wünschen, die Dinge wären anders gelaufen. Vertraue darauf, dass alles genau richtig und zum richtigen Zeitpunkt passiert. Seien es positive oder negative Umstände. Allein dieser Glaube lässt mich entspannen und in Frieden mit meiner Vergangenheit sein.

Wenn es um Entscheidungsfindung geht, sehe ich immer wieder Leute, die endlos lange Listen an Vor- und Nachteilen machen und glauben, sie könnten Entscheidungen durchrationalisieren, damit es ihnen leichter fällt, eine zu fällen. Aber: Erstens wissen sie nicht, wie sie sich mit ihrem Körper und ihrer Intuition verbinden. Sie vertrauen nur ihrem Kopf und ignorieren ihre innere Stimme (wenn sie sie denn hören). Und zweitens denken sie, dass eine schlechte Entscheidung negative Folgen mit sich bringen würde.

Es gibt unzählige YouTube-Videos und Blogposts zum Thema »bessere Entscheidungen treffen« und die meisten davon sind voll von rationalen Strategien. Ich plädiere dafür, sämtliche Strategien über den Haufen zu schmeißen. Du musst keine Entscheidungen durchdenken, du musst auch nicht »drüber schlafen«. Letzteres bedeutet einfach nur, deinem Kopf die Möglichkeit zu geben, sich einzuschalten, weil du deiner Intuition nicht vertraust.

*Eine vermeintlich falsche Entscheidung ist nur eine, die dir neue Einsichten und Lernerfahrungen ermöglicht.*

## DIE HELL-YEAH-FORMEL

Zugegeben, nicht immer spricht unsere Intuition mit glasklarer Stimme zu uns. Das passiert mir auch, besonders wenn ich nicht so gut mit meinem Körper verbunden bin, gestresst bin und viel zu tun habe. Ich habe zum Beispiel erst vor Kurzem mit einer Entscheidung gerungen. Es war keine riesengroße Entscheidung, aber auch keine kleine. Ich habe versucht, in mich hineinzufühlen und Zeichen in meinem Umfeld und täglichen Leben zu sehen. Aber es kam nichts Klares durch. Schlussendlich habe ich mit meiner Mama darüber gesprochen – nein, ich habe ihr einen Monolog gehalten über diese Entscheidungsproblematik. Sie musste mir am Ende gar nichts sagen, denn als ich mit meinem Monolog fertig war, wusste ich auf einmal ganz klar, was die beste Entscheidung ist. Wie es dazu kam? Während des Redens habe ich gefühlt, was ich genau will, was ein »Hell Yeah« ist und was mich mehr begeistert. Es war nicht das Durchrationalisieren und auch nicht eine Meinung von außen, es war das bewusste Fühlen **während** des Redens. Dasselbe kannst du auch erreichen, indem du dich durch eine Entscheidung hindurchschreibst, wenn du gerade niemanden hast, der dir zuhört.

Du kannst wirklich endlos über einer Entscheidung brüten. Du kannst dein Leben vor deinen Augen an dir vorbeiziehen lassen, während du über richtige und falsche Entscheidungen nachgrübelst. Oder du kannst entschlossen vorwärtsgehen – und dich von diesem Ballast befreien – im Wissen darum, dass jede Entscheidung eine neue Welt an Möglichkeiten und neuen Entscheidungen eröffnet. Ich verlasse mich im Grunde auf eine ganz einfache Formel, auf die ich in einem Blogbeitrag von Derek Sivers gestoßen bin. Sie zeigt mir immer glasklar, was intuitiv Sache ist und was wirklich meine Wahrheit ist. Es ist die »**Hell Yeah**«**-Formel**: Wenn sich etwas nicht nach einem HELL YEAH anfühlt, ist es ein NEIN. Easy!

◇ Ist dein Job ein Hell Yeah? Nein? Dann kündige.
◇ Ist deine Beziehung ein Hell Yeah? Nein? Dann raus da.
◇ Ist der Ort oder das Land, in dem du wohnst, ein Hell Yeah? Nein? Dann zieh weg.
◇ Ist deine Frisur ein Hell Yeah, wenn du in den Spiegel schaust? Nein? Geh zum Friseur.
◇ Ist die Feier, zu der du am Wochenende gehen solltest, ein Hell Yeah? Nein? Dann sag ab.
◇ Ist das Buch, das du gerade liest, ein Hell Yeah? Nein? Dann hör auf, es zu lesen.
◇ Ist die Verabredung mit einer alten Freundin heute Abend ein Hell Yeah? Nein? Dann sag ab.

Du wirst jetzt sagen – aber, Conni, das ist total egoistisch. Manche Sachen muss man einfach machen. Nein, egoistisch ist es, Dinge für andere zu tun, um deren Bestätigung und Liebe zu bekommen, weil du dich ohne sie wertlos oder ungeliebt fühlst.

Und: Je mehr Energie und Zeit du in Dinge steckst, die kein Hell Yeah sind, desto mehr wirst du Dinge anziehen, die ebenfalls kein Hell Yeah sind, denn du sendest ja das Signal aus, dass du total gern NO-HELL-YEAH-Dinge machst.

Klar, es mag Situationen und Gegebenheiten geben, wo du nicht einfach alles über den Haufen werfen kannst. Die Miete muss bezahlt werden und Essen muss auf den Tisch. Aber dieses Buch soll dir eben auch gerade dafür Tools an die Hand geben, aus diesen »Muss«-Situationen herauszukommen. Es soll dich an den Punkt bringen, an dem du die Wahl hast – oder aber die notwendigen Dinge auf eine Art tust, die nicht deine Lebenszeit verschwenden. Ich persönlich habe mir zum Ziel gesetzt, meine Energie und Zeit nur noch in Hell-Yeah-Dinge zu stecken. Punkt!

*Warum Dinge tun, Entscheidungen treffen und wertvolle Zeit verschwenden, wenn sie uns nicht wirklich authentisch erfüllen und Freude bereiten?*

## DIE KUNST, NEIN ZU SAGEN

Ich bin immer wieder überrascht, wie viele Menschen jeden Tag Dinge tun, die sie eigentlich nicht wirklich gern machen. Sei es im beruflichen oder im privaten und sozialen Leben.

Mein Bullshit-Limit für Dinge, auf die ich keine Lust habe, ist ultraniedrig. Dasselbe gilt auch für Menschen, die negativschwingend unterwegs sind. Mein Körper sagt mir sehr klar, ob etwas oder jemand für mich ist oder nicht. Und ihn zu ignorieren wäre es, meine Wahrheit zu leugnen. Ich habe viele Vortrags-Einladungen abgesagt, wenn sie sich nicht gut angefühlt haben. Ich habe auch schon einen TedX-Vortrag abgesagt. Ich habe erfolgreiche Businessprojekte eingestampft, weil sie kein Hell Yeah mehr waren. Ich habe keine Lust auf viele Marketingstrategien, auch wenn sie mir ans Herz gelegt werden und ich weiß, dass sie funktionieren und ich sie nutzen sollte. Ich sage regelmäßig lukrative Angebote zur Zusammenarbeit ab, die in meinen Messages und E-Mails landen. Wenn ich irgendwo eingeladen oder bei Events bin und es gefällt mir nicht mehr, gehe ich, ohne mir Ausreden zu überlegen.

Mir sind mein Leben und meine Energie einfach zu wertvoll. Und weißt du, wie ich diesen Wert spüre? Indem ich mich jeden Tag mit meiner Sterblichkeit verbinde und mit der Endlichkeit meines Lebens. Und damit, dass die wertvollsten Ressourcen Zeit und Energie sind. Das schafft Perspektive. Mein Leben, meine Regeln.

Um deinen neuen Weg zu gehen und Neues starten zu können, musst du höchstwahrscheinlich auch hier und da aufhören, Altes zu tun. Manche Projekte, Verpflichtungen und Menschen werden in die hinteren Ränge des Theaters verschoben. Und das ist okay. Nein zu sagen ist eine der wichtigsten Skills, die du entwickeln musst. Du brauchst auch keine großen Erklärungen. Es reicht, wenn sich etwas nicht gut anfühlt. Denn deine Intuition hat immer recht.

*Je klarer dir deine Werte sind, desto mehr wirst du aufgerufen, dein Leben und deine Entscheidungen danach auszurichten.*

Das Wichtigste ist, dass du auch innerhalb deiner Einschränkungen deine Wahrheit und deine Bestimmung jeden Tag, so gut du es kannst und es dir möglich ist, auslebst. Wir haben immer die Wahl, unser Bestes zu geben, auch wenn es viel weniger ist als manch andere da draußen, die vielleicht mehr Entscheidungsfreiheit haben.

## SELBSTBEWUSSTSEIN TRAINIEREN

Um wirklich dein Ding zu machen und deine Wahrheit auszuleben, braucht es nicht zuletzt ein gesundes Maß an Selbstbewusstsein und Selbstvertrauen. Ich habe mich in meinem Leben nur selten davon abbringen lassen, das zu tun, zu dem ich aufgerufen wurde. Auch wenn ich in manchen Bereichen nicht sehr selbstbewusst war (besonders in Beziehungen und was meine Sexualität anging), so bin ich immer der Angst gefolgt, um zu sehen, was auf der anderen Seite auf mich wartet.

Viele denken ja, dass man entweder Selbstbewusstsein hat oder eben nicht, quasi als wäre es von der Persönlichkeit abhängig. Aber daran glaub ich nicht. Wir haben alles in der Hand und können alles verändern. Wachstums-Mindset und so.

Die große Frage ist eher, was hinter mangelndem Selbstbewusstsein steckt. Und was es eigentlich bedeutet, nicht selbstbewusst zu sein. Wir schmeißen ja immer gern mit Wörtern durch die Gegend, ohne sie weiter zu beleuchten. Aber bei mir bleibt nichts uninspiziert. Wenn du meinst, dass du nicht selbstbewusst bist, ist das ein Klassiker des dir selbst »Nicht-genug-Seins«. Du vertraust dir nicht, fühlst dich unsicher und unzulänglich. Als Gegenmittel ist die innere Arbeit rund um Ängste und limitierende Glaubenssätze ein guter erster Schritt, dann kommt das Ins-Handeln-Kommen, denn ich glaube sehr an die gute alte Konfrontationstherapie.

> *Selbstbewusstsein fällt uns nicht in den Schoß, aber wir können es aktiv in uns aufbauen.*

Beim Thema Selbstbewusstsein geht es nicht um Arroganz und Egoismus, sondern um gesunden Egoismus, um Selbstliebe und Selbstrespekt. Es geht darum, für uns einzustehen, Grenzen zu setzen und uns selbst zu vertrauen. Unseren Weg zu gehen, um ein erfülltes Leben zu leben, ist ein Ausdruck von Selbstliebe.

## DU UND DER FLOW

Wenn du im Einklang mit deinen Werten und deiner Wahrheit lebst, ist dein Leben im Flow. Und das ist am Ende das Allerwichtigste. Denn die besten Sachen passieren, wenn wir im Flow sind, und dann können wir der Welt am besten dienen.

Das heißt, deine neue Aufgabe ist es, die Dinge zu tun, die in dir und deinem Körper Begeisterung hervorrufen. Du brauchst keinen Grund dafür, sie zu tun, du musst sie nicht erklären, weder dir noch anderen Leuten. Es macht zum Beispiel keinen Sinn für mich, Kapitel zu schreiben, die mich nicht begeistern. Denn wenn ich das tun würde, würde ich nicht in Ausrichtung auf meine Werte handeln und mein Flow würde nicht mehr laufen. Ich habe einen Entwurf im Kopf, an den ich mich in etwa halte, und manchmal komme ich zu einem Kapitel und merke: Shit, ich habe keine Lust, darüber zu schreiben. Ich merke, dass es mir schwerfällt, die Wörter kommen nur sehr langsam und es fühlt sich körperlich schwer an. Kein Flow. Meistens entscheide ich mich dann, das Kapitel zu überspringen, denn nur wenn ich über Dinge schreibe, die mich begeistern, kann ich darauf vertrauen, dass sie auch dich begeistern.

*Alle Worte in diesem Buch tragen meine Energie, und du fängst sie auf, während du sie liest.*

Und manchmal schreibe ich Kapitel, die flutschen nur so aus mir raus. Dieses hier zum Beispiel.

Auch beim Thema Flow geht es nicht um Perfektionismus. Manchmal finde ich mich durchaus in Situationen wieder, in denen ich Kompromisse machen muss und nicht zu hundert Prozent meine Werte ausleben kann. Wenn du aber weiterhin Dinge tust und Entscheidungen triffst, die nicht deinem Flow entsprechen und kein Hell Yeah sind, wird dir das Leben noch mehr Dinge, Erfahrungen und Menschen geben, die auch kein Hell Yeah sind. Dein Leben spiegelt dir immer nur zurück.

# EIGNE DIR NEUE FÄHIGKEITEN AN

Die Wahrscheinlichkeit ist sehr hoch, dass du Neues lernen musst, um deine Berufung voll auszuleben und besonders auch, um damit Geld zu verdienen. Ich selbst höre nie auf zu lernen. Ständig lese und arbeite ich mich in neue Themengebiete ein oder vertiefe andere, ich mache momentan bestimmt drei bis fünf Onlinekurse, um unterschiedliche Skills auszubauen, und ich nehme regelmäßig an Workshops teil, gehe auf Konferenzen und investiere in mich und meine Fähigkeiten. Mein Ansatz ist der des autodidaktischen Selbststudiums und vor allem des Machens. Ich habe mir schon jede Menge Sachen im Selbststudium beigebracht: Bloggen, Webdesign, Fotografie, Branding, Videografie, Buchhaltung, Storytelling und so weiter. Du weißt ja, meine Listen sind immer lang.

Viele glauben, dass wir, um einen neuen Weg oder eine Karriere einzuschlagen, eine offizielle Ausbildung machen müssten oder zurück auf die Uni gehen sollten. Ich habe da meine eigene Meinung dazu, die du gern übernehmen kannst: Ich finde Uni und Studium in vielen Bereichen ziemlich überflüssig. Wir können uns so gut wie alles selbst beibringen. Ich muss nicht drei Jahre Business studieren, um eine erfolgreiche Unternehmerin zu werden. Ich muss keine endlosteuren Kurse zum Life-Coach machen, um anzufangen, anderen Menschen zu helfen,

> *Wir können in jedem Feld, das uns interessiert, zur Expertin werden. Wir können jede Fähigkeit so weit lernen, um damit Geld zu verdienen – und die Welt zu verändern.*

ihr Leben zu verändern. Ich muss kein Studium zur Grafikdesignerin machen, um mit großen Kunden zu arbeiten. Ja klar, wenn jemand Ärztin oder Polizistin werden will, ist es durchaus eine gute Idee, sich offiziell ausbilden zu lassen. Darüber brauchen wir nicht zu diskutieren. Aber wenn es um kreative und unternehmerische Ambitionen geht, kann ein Studium oder eine Ausbildung uns sogar aufhalten.

Außerdem denken viele, dass eine Ausbildung essenziell ist, um Erfolg zu haben, oder dass sie nicht genug wüssten, um damit Geld zu verdienen. Ich glaube ja, dass dahinter oft die Angst steckt, einfach zu machen. Also verstecken wir uns hinter einer Ausbildung, um uns noch mal ein paar Jahre davor zu drücken, mit dem anzufangen, was wir ja eigentlich so gern machen wollen. Lernen und sich neue Fähigkeiten aneignen ist eine Investition, aber es kann auch heißen, den Erfolg zu vertagen. Lernen kann reine Prokrastination sein, denn es ist einfacher als Machen. Worauf es ankommt, ist die Balance zwischen theoretischem Studium und praktischer Erfahrung. Lernen und Machen müssen sich die Waage halten.

*Wirkliches aktives Lernen bedeutet, das Gelernte anzuwenden und zu üben. Nur so wirst du erfolgreich.*

Ich kenne viele erfolgreiche Kreative und Unternehmer, die Quereinsteiger sind und nie eine Ausbildung gemacht oder studiert haben. Sie haben proaktiv Erfahrungen gesammelt und sich nicht von Zertifikaten und Zeugnissen aufhalten lassen.

Auch Talent wird meines Erachtens überbewertet. Eltern denken ja gern, dass ihre Kinder von Natur aus talentiert sind. Aber aktuelle Studien zeigen auf, dass wir Talente entwickeln und fördern können. Ich bin fest davon überzeugt, dass »angeborenes Talent« zu den Märchen gehört, die uns gerne erzählt werden (und die wir dann gern weitererzählen). Es ist nicht so, dass du entweder Talent für etwas hast oder nicht. Wir können alles lernen und meistern, wenn wir uns dafür entscheiden.

Meine Prognose ist, dass die Fähigkeit, Neues zu lernen, eine der wichtigsten Fähigkeiten der Zukunft sein wird. Genauso wie Kreativität und die Fähigkeit, sich zu fokussieren. Wenn du in den Bereichen Gas gibst, wird die Nachfrage nach dir und deinen Erfahrungen immer vorhanden sein.

## SEI NEUGIERIG

Bei mir ist das so: Etwas weckt meine Neugier. Dann mein Interesse. Dann wird es eventuell zur Leidenschaft. Und in speziellen Fällen werde ich buchstäblich besessen davon. So geschehen bei vielen Dingen, von denen bereits die Rede war: Reisen, Business und Marketing, Tauchen, Bloggen, Fotografie, Yoga, Videografie und YouTube, Surfen, veganes Essen, Gesundheit, Minimalismus und vieles mehr. Ein guter Indikator, dass etwas von einer Leidenschaft zur Besessenheit wurde, ist, dass ich mich jede freie Minute damit beschäftige und mehr darüber erfahren und lernen will. Ich schaue dann endlos viele YouTube-Videos, höre Podcasts, lese Bücher und Artikel und: Ich probiere ganz viel aus. Wenn sich eine Besessenheit länger bemerkbar macht, eine hohe Priorität in meinem Kopf beibehält und ich damit nachhaltig meiner Freude folge, ist die Wahrscheinlichkeit hoch, dass etwas Größeres daraus wird.

*Oft dauert es eine Weile, bis aus einem Interesse wirkliche Leidenschaft wird.*

Es geht nicht darum, etwas sofort als Leidenschaft zu erkennen. Insofern kann der Tipp »Finde deine Leidenschaft« irreführend sein, besonders wenn du denkst, du hast keine. Du hast dir einfach nie erlaubt, deiner Neugier länger zu folgen und ein wenig zu spielen. Also folge ihr!

Sagen wir mal, du empfindest eine gewisse Neugier für vegane und glutenfreie Kuchen. Du fragst dich, wie dein Lieblingscafé die so toll hinbekommt. Dann folgst du deiner Neugier und schaust dich nach ein paar Rezepten online um. Du fängst an, verschiedene davon zu Hause zu machen. Du erkennst, dass du so viel Freude daran hast, dass du fast jede freie Minute damit verbringst, zu recherchieren und zu backen. Dann schmeißt du deine erste vegane Kuchenparty für Freunde, und sie sind ganz hin und weg. Du bekommst die ersten Anfragen aus deinem Freundeskreis für vegane und glutenfreie Hochzeitskuchen und Geburtstagskuchen. Du startest ganz klein und langsam einen Instagram-Account. Und später auch einen YouTube-Kanal. Deine Kuchenaufträge werden immer mehr, alles über Mund-zu-Mund-Propaganda. Drei Jahre später hast du dein eigenes veganes Kuchencafé mit Hochzeitscatering, dein YouTube-Kanal ist explodiert und dein veganes Kuchenkochbuch verkauft sich ohne Ende. Und all das, weil du deiner Neugier für vegane, glutenfreie Kuchen nachgegangen bist. Hört sich unrealistisch an? Warum? Der Schlüssel ist, einfach mal die Neugier und Freude fließen zu lassen. Dinge auszuprobieren, ohne darüber nachzudenken, ob daraus eine Leidenschaft oder eine Karriere werden kann oder nicht.

Ich habe zum Beispiel kürzlich meine Neugier für das Skateboarden wiederentdeckt. Als Teenager war ich viel im Skatepark, später nur ab und an. Aber jetzt ist das Interesse wieder da und ich habe mich dabei ertappt, wie ich auf YouTube ein Skatevideo nach dem anderen geschaut habe. Besonders interessiert haben mich bestimmte Tricks und das Carving auf Longboards.

> *Lass dich von deiner Neugier leiten, denn sie kann dich zu unglaublichen Dingen führen, die du dir nie ausgemalt hättest.*

Dieser Neugier könnte ich jetzt folgen und mir ein richtiges Longboard kaufen (ich habe momentan so ein Mittelding). Oder aber ein klassisches Skateboard zum Trickslernen. Im besten Fall probiere ich beide Varianten aus, spiele ein paar Wochen oder Monate mit beidem, um herauszufinden, was mehr mein Ding ist. Beim Tun kommen die Antworten. Eventuell werde ich dann so besessen, dass ich Lust bekomme, einen YouTube-

Kanal für weibliche Skater zu starten. Und ich mache eine 30-Tage-Challenge, um zu sehen, ob das auch Spaß macht. Denn ohne Spaß ist es sinnlos, weiterzumachen.

Oder aber ich finde, dass es keine geilen Longboards für Skaterinnen gibt, und hole mir Hilfe, um ein neues Board zu designen. Oder aber ich starte eine Bewegung für Women Skaters und fang an, Meet-ups zu machen und T-Shirts zu verkaufen mit coolen Sprüchen und Skate-Designs für Frauen.

Oder aber ich spezialisiere meine Fotografie auf dieses Thema und fange vielleicht an, einen Doku-Film über Skaterinnen rund um die Welt zu produzieren.

Ahhhhhhh! Siehst du, wie meine Neugier auf Skatetricks und Carving auf YouTube auf einmal mega Ausmaße annimmt, wenn ich mich dem Ganzen voll hingebe und einfach nur meiner Freude folge? Siehst du, wie sich so unterschiedliche Interessen und Leidenschaften verbinden lassen?

Also: Folge deiner Neugier und deiner höchsten Freude. Erlaube dir zu schauen, was sich hinter ihnen verbirgt und wohin sie dich führen.

## DIE QUAL DER WAHL

Was ist, wenn du mehrere Leidenschaften und Interessen hast? Dann bist du wohl ein »Multipotentialite« oder auch eine Scanner-Persönlichkeit. So wie ich. Es ist vollkommen okay, viele Interessen und kreative Ziele zu haben. Die Zeiten, in denen man nur als »Spezialistin« Erfolg haben konnte, sind vorbei, genauso wie die Zeiten, in denen man sein Leben lang einen einzigen Beruf hatte. Ich würde mich sogar so weit aus dem Fenster lehnen und sagen, dass die meisten Menschen multipotenzial veranlagt sind. Nur lassen sie sich von der Gesellschaft und der Wirtschaft in ein Monopotenzwesen reinpressen. Runder Baustein in ein eckiges Loch. Geht meistens schief.

Aber klar, wir werden ja von klein auf so konditioniert. Mir hat nie jemand in der Schule gesagt (oder im Studium), dass es okay ist, viele unterschiedliche Interessen zu haben. Immer musste ich mich für eine Richtung entscheiden. Aber mir ist Monogamie bei meinen Leidenschaften und Interessen und Berufungen schon immer schwergefallen. Ich werde mich wohl nie zu hundert Prozent auf eine Sache festlegen und finde das grandios. Ich finde auch andere Leute, die viele unterschiedliche Sachen machen, total interessant und faszinierend.

Diejenigen, die wirklich von Anfang an wissen, was sie machen wollen, und dann auch für den Rest ihres Lebens dabei bleiben wollen, sind wohl eher die rare Spezies unter uns. Sie verdienen meinen höchsten Respekt. Mein Leben wäre um einiges einfacher, wenn ich so sein könnte, aber ich hatte keine Wahl, als mir irgendwann einzugestehen, dass ich in meinen täglichen Tätigkeiten immer wieder Abwechslung brauche und dass so viele Dinge mein Interesse wecken. Und selbst wenn ich mein Leben auf diese Weise »einfacher« gestalten könnte, wäre es nicht mein Leben. Es wäre längst nicht so schön aufregend, und ich würde wohl nicht so viel lernen die ganze Zeit. Aus diesem Blickwinkel heraus bin ich sehr dankbar, dass ich so bin, wie ich bin.

> *Du musst dich der Qual der Wahl gar nicht aussetzen und dich nicht nur für eine Leidenschaft entscheiden.*

Mich nur auf ein oder zwei Dinge aus meiner langen Liste an Leidenschaften und Interessen zu fokussieren, wäre eine Katastrophe (und war es auch damals, als ich dachte, dass Spezialisierung mein Schicksal sei). Eben deshalb habe ich schon so einiges in meinem Leben gemacht, bin mehreren Berufungen nachgegangen und habe mit den unterschiedlichsten Dingen mein Geld verdient. Allerdings habe ich deshalb oft auch ein Problem mit der Frage: »Und was machst du so beruflich, Conni?« Da würde ich mich manchmal am liebsten umdrehen und einfach gehen oder etwas Vages sagen wie »so kreative Sachen online und so«. Klar, wäre schon bequemer, antworten zu können: Ich bin Lehrerin oder Anwältin. Aber ist halt nicht.

Die guten News: Es ist alles möglich. Wir müssen uns nicht einschränken. Wir können alles machen. Du setzt dir deine eigenen Grenzen durch deine einschränkenden Glaubenssätze. Auch wenn uns die Gesellschaft nicht wirklich versteht und viele denken, dass wir sprunghaft sind, und uns nicht ganz ernst nehmen, sage ich: Vergiss sie alle. Orientiere dich lieber an Leuten, die für dich ein Vorbild sein können.

Ich selbst verfolge diesbezüglich zwei Strategien:

### 1. Ich kombiniere meine Leidenschaften gleichzeitig.

Als Kreative kann ich mehrere Interessen und Leidenschaften (wie Fotografie, Videos machen, Schreiben, Podcasting, mein Wissen weitergeben) gleichzeitig verfolgen, was ich aktuell tue und, wie berichtet, auch bisher schon getan habe.

### 2. Ich verfolge unterschiedliche Ideen, Berufungen und Leidenschaftsprojekte nacheinander.

Alle paar Jahre kommt etwas ganz Neues durch mich hindurch. Manchmal ist der Geburtsprozess etwas langwieriger, weil es natürlich nicht immer einfach ist, etwas loszulassen und wieder von vorn anzufangen, aber mittlerweile lass ich mich davon nicht mehr beeindrucken und folge blind meiner Intuition. Wir halten oft viel zu sehr an bestimmten Ideen und Vorstellung fest, ohne zu merken, dass ihr Auslaufdatum schon längst um ist. Ich habe noch so viele Sachen, die ich gern machen möchte und zu denen ich mich berufen fühle, aber da weiß ich, okay, die Zeit kommt. Und ich kann da auch sehr gut in mich reinspüren und weiß, dass ich mich nicht zu stressen brauche, alles gleichzeitig zu machen.

## FRAGEN ÜBER FRAGEN

Wenn ich eines schon immer gut konnte, dann Fragen stellen. Daher interviewe ich auch gern Menschen für meinen Podcast und bin ein sehr gutes erstes Date, denn ich kann anderen schnell das Gefühl geben, dass ich mich wirklich für sie interessiere. Ich will einfach immer alles wissen und frage mich ständig alles Mögliche, während ich so durch meinen Alltag gehe.

Die längste Zeit habe ich gedacht, dass sich jeder all diese Fragen stellt. Bis ich angefangen habe, meine Gedanken stärker mit anderen zu teilen, darüber zu schreiben und mich über sie mit meinen Freunden zu unterhalten. Wenn du viel Zeit mit mir verbringst, wirst du vielleicht zu dem Schluss kommen: Die Alte hat sie nicht mehr alle. Denn meine Fragen hören nicht auf und gehen oft bis ins kleinste Detail. Zum Beispiel frage ich mich ständig, wie Dinge funktionieren, wie andere Leute ticken und warum Dinge so sind, wie sie sind. Das kommt vielleicht auch daher, dass ich mein Leben lang schon in so vielen Ländern gelebt und die Welt bereist habe und somit meine Neugier auf meine Umwelt und andere Menschen schon sehr früh geweckt wurde.

Ein paar willkürliche Fragen, die mir gerade in den Sinn kommen:

◇ Warum gibt es so viel weniger Skateboarderinnen und Surferinnen?
◇ Warum ist Reality TV so erfolgreich beziehungsweise was macht es mit unserer Psyche?
◇ Warum fällt es mir so schwer, weniger Zucker zu essen?
◇ Was kann ich von der negativen unfreundlichen Frau an der Supermarktkasse lernen?
◇ Wie ist Oprah zu Oprah und so erfolgreich geworden?

Bei irgendeinem der unzähligen Persönlichkeitsseminare, die ich besucht habe, habe ich dann gelernt, dass ich gar nicht so komisch bin mit all meiner Fragenstellerei, sondern dass das eine unglaublich gute Sache ist und einer der Gründe, warum mein Leben so ist, wie es ist.

Und natürlich stelle ich nicht nur gern Fragen, sondern finde noch viel lieber Antworten darauf. Und das nicht nur über Wikipedia, sondern durch Gespräche mit anderen, in den Tiefen von Web- und Buchseiten und denen meines Gehirns.

Sokrates hat mal gesagt, dass das ungeprüfte Leben nicht wert ist, gelebt zu werden. Ich stimme ihm da absolut zu. Es gibt viele Menschen, die grundsätzlich recht wenig Fragen stellen. Sei es über ihre Umwelt oder an sich selbst. Das sind dann meist auch die, die in ihrem Job festhängen und sich beschweren, dass sie ihre Berufung noch nicht gefunden haben, obwohl sie ja schon überall gesucht hätten. Und dann gibt es viele Menschen, die eher qualitativ weniger wertvolle Fragen stellen. Zum Beispiel: Warum ist mein Job so doof? Warum haben so viele Menschen so viel Erfolg, aber ich nicht?

> *Es ist wichtig, alles zu hinterfragen, und ganz besonders, sich selbst gute Fragen zu stellen.*

Fragen führen zu Antworten (wenn denn die Motivation dazu vorhanden ist, nach ihnen zu suchen). Antworten generieren Gefühle und steuern unser Verhalten. Unser Verhalten bestimmt die Resultate. Das bedeutet, dass die Fragen, die du dir selbst stellst, einen großen Effekt darauf haben, wie du denkst, was du glaubst, welche Entscheidungen du triffst, wie du handelst – und schlussendlich die Richtung und Destination in deinem Leben. Das wiederum bedeutet, wenn du die Qualität deiner Fragen veränderst, veränderst du die Qualität deines Lebens.

Die Qualität deines Lebens hängt also von der Qualität deiner Fragen ab!

## PROBLEME SELBST LÖSEN

Um ein selbstbestimmtes Leben zu kreieren und dein Ding zu machen, ist eine Zutat richtig, richtig wichtig: Du brauchst eine Mentalität, die dich eigenständig Dinge herausfinden lässt, wenn du etwas nicht weißt oder auf ein Hindernis stößt. Im 21. Jahrhundert mit direktem Zugriff auf Google und YouTube per Smartphone in unseren Hosentaschen ist die Ausrede »Ich weiß nicht, wie« wirklich nichts als eine Ausrede.

Ich bekomme ständig E-Mails und Nachrichten von Leuten, die meine Inhalte konsumieren und mich dann mit Fragen befeuern, die sie innerhalb von ein paar Minuten via Google oder YouTube selbst hätten herausfinden können. Ich habe grundsätzlich kein Problem damit, aber wie passt das zu dem Ziel, selbstbestimmt zu leben und sein Ding zu machen?

Damals im Jahr 2011, zu Beginn meiner Selbstständigkeit, hatte ich so gut wie kein Geld und habe deshalb allen möglichen Gratis-Content gelesen und angeschaut, um zu lernen, wie ich einen professionellen Blog aufbaue und ein Business starte. Ich habe nie einem Blogger eine E-Mail geschrieben und Fragen gestellt. Ich hatte kein Geld für einen Life- oder Business-Coach oder für teure Online-Programme und -Kurse. Ich habe mir irgendwoher die Bücher beschafft, die ich lesen wollte, oder sie mir von Freunden ausgeliehen.

*Selbstbestimmt zu leben bedeutet nicht zuletzt auch, Probleme selbstständig zu lösen.*

Und dann bin ich gestartet und habe Dinge umgesetzt. Schritt für Schritt. Und wenn ich etwas nicht wusste, habe ich es gegoogelt. Als ich auf die Idee kam, T-Shirts zu designen, habe ich einfach recherchiert, wie man das macht, wo ich die Blanko-T-Shirts herbekomme und diese bedrucken lassen kann. Dann habe ich mich damit befasst, wie man einen Online-Shop aufbaut und so weiter.

Niemand wird dir deine Berufung vor die Nase setzen oder dir dein perfektes Business zaubern. Kein Lebenshilfe- oder Business-Coach wird das für dich übernehmen können. Ein Coach hilft dir, während du selbst aktiv bist. Denk mal an einen Fitness- oder Fußballtrainer. Die Sportler und Spieler müssen immer noch selbst trainieren und hart auf ihre Ziele hin arbeiten.

Du brauchst den Antrieb dazu, selbst Lösungen zu finden. Du brauchst den Drive dazu, die Leidenschaft, den Enthusiasmus und die Ambition. Dieses Feuer in dir, das Probleme nicht als Probleme sieht, sondern als tolle Möglichkeiten zu lernen.

## AUF WELCHE FÄHIGKEITEN KOMMT ES AN?

Es gibt ein paar Skills, die immer nützlich sind, wie Reden oder Schreiben. Ansonsten kommt es natürlich sehr drauf an, welchen Weg du einschlagen willst und was deine Interessen und Leidenschaften sind. Wenn du bisher angestellt warst und dich selbstständig machen willst, dann wird es Zeit, alles rund um Marketing und Business zu lernen (besonders wenn du nicht die Ressourcen hast, diese Bereiche auszulagern). Ich finde es im Jahr 2020 auch wichtig zu wissen, wie man mit WordPress oder auch Squarespace eine Webseite baut. Auch die Grundlagen von HTML und CSS oder von Fotografie und Videografie zu kennen, ist sinnvoll – zumindest, wenn wir in den Sozialen Medien sichtbar sein wollen. Das Coole ist ja, dass wir heutzutage Zugriff auf so viele Tools und Apps haben, die uns bei all diesen Sachen helfen. Ich habe zum Beispiel damals noch gelernt, wie man in Photoshop ein Logo gestaltet. Heutzutage gibt es Apps wie Canva dafür, die einem neunzig Prozent der Grafikarbeit abnehmen.

Mit den folgenden Praxistipps kannst du das Lernen angehen und zu einem festen Bestandteil deines Alltags machen.

## SCHRITT-FÜR-SCHRITT-ANLEITUNG FÜR NEUE SKILLS

- ◇ **Entscheide dich, was du lernen möchtest.**
  Eventuell sind es mehrere Dinge, aber mein Tipp ist, es langsam anzugehen und nacheinander, statt zu viel auf einmal und gleichzeitig.
- ◇ **Setze dir ein Ziel.**
  Das ist ein Schritt, den viele Leute überspringen. Sie starten einfach drauflos, ohne zu wissen, was sie eigentlich erreichen möchten.
- ◇ **Brich das, was du lernen möchtest, herunter.**
  Wenn du zum Beispiel Fotografieren lernen willst, welche Bereiche der Fotografie sind die wichtigsten?
- ◇ **Überlege dir, was dich eventuell aufhalten könnte.**
  Was sind Gründe, weshalb du aufgeben würdest? Welche Ausreden und Bullshit-Strategien verwendest du gern? Je klarer du dir über deine mentalen Hürden und einschränkenden Glaubenssätze bist, desto einfacher wird es sein, sie zu entschärfen.
- ◇ **Lege eine Mindestzeit fest, die du in deine neue Fähigkeit investieren willst.**
  Mach etwas jeden Tag und du siehst schnell, wie du besser wirst. Und das Gefühl ist echt richtig cool, denn es spornt dich noch mehr an, gibt dir mehr Selbstbewusstsein und Erfüllung im Leben. Als Basis sind 30 Stunden sehr sinnvoll. Optimal wäre eine Stunde pro Tag. Damit kommst du in vier Wochen schon richtig weit. Wenn du nur 30 Minuten am Tag zur Verfügung hast, cool, dann hast du ähnliche Resultate innerhalb von acht Wochen.

Nach den ersten dreißig Stunden des aktiven Lernens ist es sinnvoll zu reflektieren: Machst du gute Fortschritte? Ziehst du den Nutzen, den du dir vorgestellt hast? Musst du noch mehr lernen und üben, um dein Ziel zu erreichen? Was wäre das nächste Level? Eventuell musst du deine Lernstrategie noch mal anpassen und dir neue Ziele setzen.

## EIN ABER GEGEN JEDES ABER

Dir fallen gleich jede Menge Aber ein? Dann erinnere dich doch kurz an das Kapitel zum Wachstums-Mindset versus unflexibles Mindset und untersuche deine Einwände mit der Lupe der Wissenschaftlerin und setze ihnen etwas entgegen.

| **Ich würde ja, kann aber nicht, weil …** | **Ich kann, obwohl …** |
|---|---|
| … ich nicht weiß, wie ich das machen soll. | … ich nicht weiß, wie man das macht. Aber es ist wichtig, also werde ich es herausfinden. |
| … es ungefähr 10 000 Stunden dauert, bis man bei einer Sache richtig gut ist. | … ich dafür noch üben muss, aber ich werde mir eine Variante suchen, mit der ich schnell Fortschritte mache. Ich werde andere Dinge loslassen, die mir dabei im Weg stehen. |
| … ich nicht genügend Zeit habe, um etwas Neues zu lernen und auszuprobieren | … ich nicht unendlich viel Zeit und Energie dafür habe, also werde ich aktiv Zeitfenster einrichten, um zu üben und zu lernen, und diese so effizient wie möglich nutzen. |

# ENTDECKE DEINE BERUFUNG

Jetzt geht es ans Eingemachte. Es folgen mehrere Übungen und viele Fragen, die du am besten schriftlich in deinem Notizbuch beantwortest. Nimm dir dafür gern ein wenig länger Zeit.

### DIE 6 ESSENZIELLEN FRAGEN

1. Was hast du als Kind gern gemacht? Was waren deine Träume?

2. Was würdest du tun, wenn du wüsstest, dass du erfolgreich sein wirst und nicht versagen kannst?
Was würdest du tun, wenn du keine Ängste hättest?

3. Was liebst du so sehr, dass du es umsonst machen würdest?

4. Was würdest du tun, wenn du ab morgen eine Million hättest. Wie würde sich dein Leben verändern?

5. Wann in den letzten Monaten hast du die Zeit vergessen? Was hast du dort gemacht?

6. Schau auf dein Leben zurück. Wähle 3 bis 5 Momente, in denen du dich am lebendigsten und kreative Inspiration am stärksten gespürt hast. Zeiten, in denen du komplett in deinem Element warst. Wie würdest du diese Momente beschreiben?

Bei manchen der Fragen in diesem Kapitel denkst du vielleicht, dass sie sich wiederholen, aber wir können manche Sachen nicht oft genug von unterschiedlichen Seiten beleuchten. Wenn du durch alle Übungen durch bist, empfehle ich dir, deine Antworten objektiv zu reflektieren und nach einem roten Faden oder interessanten Einsichten Ausschau zu halten.

→ *Weitere Fragen, die dich näher zu deiner Berufung bringen, findest du unter www.findyourmagic.de.*

## IKIGAI ODER WOFÜR ES SICH ZU LEBEN LOHNT

Ein tolles Konzept, das dir auf deinem Weg Orientierung geben kann, ist die japanische Idee vom Ikigai – was so viel bedeutet wie »Wofür es sich zu leben lohnt«. Es ist quasi die japanische Formel für Glück, Erfüllung und Bedeutung im Leben. Die elementare Frage, die sich dadurch erkunden lässt, lautet: Was ist dein Grund, um morgens aus dem Bett zu kommen?

Das Ikigai-Modell

Die vier Hauptelemente sind:
1. Etwas, das du liebst, das du gerne tust
2. Etwas, das die Welt von dir braucht
3. Etwas, womit du Geld verdienen kannst
4. Etwas, worin du gut und talentiert bist.

An den Schnittmengen vereinen sich diese vier Bereiche in verschiedene Grundbedürfnisse:
- ◇ Aus 1. und 2. ergibt sich deine persönliche »Mission«.
- ◇ Aus 2. und 3. ergibt sich deine »Berufung« (aber keine Leidenschaft).
- ◇ Aus 3. und 4. ergibt sich dein Beruf.
- ◇ Aus 4. und 1. ergibt sich deine große Leidenschaft.

Da, wo sich alle vereinen, liegt dein Ikigai.

### IKIGAI FÜR DEIN EIGENES LEBEN

Wende das Modell auf dein eigenes Leben an. Nimm dir ein paar Minuten Zeit und schreibe spontan auf, was dir zu den vier Hauptelementen einfällt. Es muss nicht alles einen Sinn ergeben. Die absolute Schnittmenge muss nicht sofort passen und dir eine klare Antwort geben. Wir sind auf dem Weg und mitten in einem Prozess.

### HOL DIR INSPIRATION

Auf dem Weg zu deiner Berufung und beim Üben und Implementieren neuer Fähigkeiten kann es wahnsinnig hilfreich sein, andere zu kopieren beziehungsweise zu imitieren. Gerade zu Beginn ist es wichtig, sich andere Leute anzuschauen, die etwas

Ähnliches machen, wie du lernen willst, sie und ihre Arbeiten zu analysieren und sich dann Dinge abzuschauen.

Ich lerne derzeit, auf meinem iPad zu malen. Ich kann nicht aus meiner Fantasie heraus einfach loslegen, sondern brauche eine Art Vorlage. Also habe ich kürzlich angefangen, mir auf Instagram Künstler zu suchen, deren Sachen ich gern mag und die ich auch als Anfängerin ähnlich umsetzen kann. Ich kopiere einfach deren Bilder und lerne dabei unglaublich viel. Ich poste sie nicht auf Instagram und gebe sie als meine aus. Es dient allein der Übung. Aber selbst, wenn ich sie teilen würde, wäre das in meinen Augen okay, solange ich das transparent mache. Dasselbe machen Leute, die Gitarre spielen lernen. Sie lernen Songs von anderen Künstlern. Mein erster Song auf der Gitarre war von Nirvana.

*Du musst das Rad nicht neu erfinden. Die tollsten Kreationen da draußen sind im Grunde Kopien von anderen Sachen in einer neuen Kombination und mit neuen Ideen. Nichts ist komplett neu.*

Auch für meine ersten YouTube-Videos habe ich Hunderte Videos von erfolgreichen YouTubern analysiert und deren Struktur und kreative Ideen imitiert – so lange, bis ich meinen eigenen Stil gefunden hatte. Genauso kannst du es mit vielen anderen Sachen machen, wie Fotografie, Webdesign, Videografie, Instagram, Kochen... Du kannst dir gern Bestätigung in meinem Videoarchiv auf YouTube holen. Dort siehst du meinen Fortschritt über die letzten Jahre. Oder auf Instagram, du bist herzlich eingeladen, dich durch meinen Feed zu scrollen – Boah, hatten meine Fotos eine andere Qualität in den ersten Jahren!

Als ich vor sieben Jahren mit Yoga angefangen habe, konnte ich keine zehn Sekunden meinen herabschauenden Hund halten und an Chaturanga (Yogi-Liegestütze) war gar nicht zu denken. Nach ein, zwei Jahren regelmäßigen Übens fand ich es toll, im herabschauenden Hund abzuhängen, konnte Kopfstand und viele andere Asanas, die ich nie für möglich gehalten hätte.

**INSPIRATIONSQUELLEN**

- ◇ Frage drei Freunde oder Bekannte, die ihre Berufung ausleben, wie sie ihren Weg gegangen sind.
- ◇ Recherchiere drei neue Podcasts, die dich zu einem bedeutungsvollen Leben inspirieren.
- ◇ Suche drei Leute auf Instagram oder YouTube, die dich inspirieren, und zieh dir ihre Inhalte rein.
- ◇ Beschäftige dich für eine halbe Stunde pro Tag mit inspirierenden Ideen und Gedanken.

## WEGWEISER FÜR DEINE BERUFUNG

Ein guter Kompass für den Weg zu unserer Berufung sind Menschen, die uns inspirieren. Denn sie haben etwas, das wir toll finden, und sie geben uns Hinweise und Anhaltspunkte dafür, was auch unsere Wahrheit ist und aus uns herauskommen möchte. Was wir an unseren Vorbildern schätzen, ist das, was wir selbst in uns tragen. Unser »Heldinnen« reflektieren das, was wir an ihnen bewundern, und spiegeln dabei das Licht zurück, das in uns erstrahlen will.

Stell dir vor, du schmeißt ein schönes Abendessen und du könntest jeden, der dich inspiriert, dazu einladen: deine Vorbilder, Menschen in deinem Leben etc. Sie können am Leben sein oder tot sein, es kann sich um Freundinnen handeln, um bekannte Persönlichkeiten, Athletinnen… alles ist möglich!

**DEINE PHÄNOMENALE DINNERPARTY**

◇ Wen würdest du auf die Gästeliste für deine Dinnerparty setzen?
◇ Welche fünf Vorbilder oder Menschen bewunderst du am meisten?
◇ Was magst du an ihnen? Überlege dir drei Worte, die ihre Qualitäten am besten beschreiben.
◇ Wie kannst du diese Qualitäten in dir selbst hervorbringen?

## VON DER KRISE ZUR BERUFUNG

Oft sind unsere größten Krisen unsere besten Lehrer. Manchmal beinhalten sie auch den Schlüssel zu der Art und Weise, wie wir anderen helfen können.

Ich habe zum Beispiel eine gute Freundin, die nach zehn Jahren Beziehung durch eine krasse Trennung gehen musste. Diese Herausforderung hat ihr Leben von Grund auf verändert. Nachdem sie alles überwunden hatte und das Geschenk in dieser Erfahrung sehen konnte, wollte sie anderen Menschen helfen, durch Trennungen und Herzschmerz zu gehen. Sie hat angefangen, einen Blog zu schreiben, und dort ihre Erfahrungen und Tipps weitergegeben. Im nächsten Schritt hat sie begonnen, andere zu coachen und durch Trennungen zu begleiten.

Ich selbst nutze oft Herausforderungen, die ich überwunden habe, um mein Gelerntes an andere weiterzugeben. Daher auch dieses Buch.

Hier einige Fragen dazu:

**DEINE KRISEN ALS INSPIRATION**

◇ Welche Herausforderungen musstest du bewältigen?
◇ Welchen Schmerz hast du erfahren? Wo und wie wurde dein Herz verletzt?
◇ Was sind deine inneren Kämpfe?
◇ Was war richtig hart, aber du hast es trotzdem hindurch geschafft?
◇ Was hast du bis zu diesem Punkt gemeistert?
Denk dabei zum Beispiel an Gesundheit, Krankheit, Trennung/Scheidung, Abhängigkeiten, Gewichtsverlust, Kinder bekommen, Depression, Einsamkeit…
◇ Wie konntest du aus deinen vergangenen Situationen/Krisen lernen?
◇ Wo lag in Krisen die Chance für dich? Wie nutzt du sie heute?

## ZEIG DICH UND INSPIRIERE ANDERE MENSCHEN

Während du im Findungs- und Experimentierprozess deiner Berufung bist, empfehle ich dir deine Ideen, Erfahrungen und Kreationen online mit der Welt zu teilen. Es liegt so viel Wachstumspotenzial im Teilen unseres authentischen Selbst und unserer Wahrheit. Es hilft dir, deine Stimme zu finden, selbstbewusster zu werden und deine Komfortzone auszuweiten, indem du Ängste überwindest und dich zeigst. Du lernst besser, wenn andere Menschen auch deine Arbeit, dein Wissen, deine Kunst und deine Kreationen sehen, hören und fühlen können. Es zwingt dich dazu, tiefer zu gehen und dein wirklich Bestes zu geben. Es zieht dich in die Verantwortung, konsistent zu sein.

Es ist eine wunderbare Möglichkeit, konstruktives Feedback von anderen Menschen zu bekommen und dich darauf basierend zu verbessern. Klar, es besteht die Gefahr, dich von sozialen Metriken und Likes abhängig zu machen und darauf deinen Wert als Mensch zu beziehen. Doch ich finde immer noch, dass die Vorteile bei Weitem die Nachteile überwiegen.

Kurzum: Der Lerneffekt ist immens!

◇ Du lernst deine Gedanken und Ideen zu organisieren.
◇ Du wirst zu einem besseren Denker.
◇ Du kannst deine Story und Ideen mit anderen Menschen teilen und sie inspirieren.
◇ Du trainierst deinen Ideenmuskel.
◇ Du entwickelst eine Vielfalt an neuen Fähigkeiten und Interessen.
◇ Du kannst neue Verbindungen knüpfen und viele andere Menschen kennenlernen.
◇ Du öffnest dich für neue Chancen und Möglichkeiten.
◇ Es schafft dir mehr Commitment und hilft dir nicht nur, zu handeln, sondern auch zu reflektieren.

Ich finde, dass jeder dafür einen richtigen Blog, YouTube-Kanal oder Podcast haben sollte, eine Art Outlet und nicht nur eine »oberflächliche« Plattform wie Instagram und Facebook. Du brauchst nicht viel, um zu starten, und du musst keine Expertin sein, um deine Story und deine Erfahrungen zu teilen. Denn gerade ohne Expertenstatus kann und wird es Menschen helfen. Oft sind Experten zu weit weg und zu fortgeschritten, als dass sich Leute, die noch am Anfang stehen, mit ihnen und ihren Inhalten tiefer verbinden können.

*Indem du aus deinem Leben berichtest und zeigst, wie du Hürden und Herausforderungen gemeistert hast, kannst du das Leben anderer Menschen verändern.*

Selbst in einem frühen Stadium des Lernens und Ausprobierens ist es eine wunderbare Möglichkeit, deinen Prozess und das, was du auf deinem Weg lernst, zu dokumentieren und zu teilen. Und schließlich ist es für alle, die Größeres vorhaben, heutzutage fast schon essenziell, sich eine Followerschaft aufzubauen. Einerseits, um herauszufinden, was sie genau wollen, andererseits, um zu erfahren, wie du ihnen helfen und ihnen die Dinge geben kannst, die Teil deiner Berufung sind.

### FEIERE DEINE ERFOLGE

Je öfter du einmal gesetzte Ziele erreichst, desto größer wird dein Selbstbewusstsein. Fang mit kleinen Zielen an, mit der Zeit wirst du dir automatisch größere Ziele setzen. Und mach vor allem eins: Feiere deine Erfolge und erkenne an, was du erreicht hast! Wir feiern uns sowieso viel zu wenig. Du hast dein erstes YouTube-Video veröffentlicht? Nice, gönn dir eine Massage. Du hast eine Woche lang jeden Tag meditiert? Mega, verwöhn dich mit einem Smoothie in deinem Lieblingscafé. Wir konzentrieren uns viel zu sehr auf unsere To-dos, Schwächen und Fehler und übergehen und übersehen Erfolge viel zu leicht.

---

**FEIERE DEINE ERFOLGE**

◇ Mach dir eine Liste an Dingen (kleinen und großen), die du in deinem Leben schon erreicht hast.
◇ Werde dir bewusst, wie stolz du auf dich selbst sein kannst. Du brauchst keine Anerkennung von außen, um in dir zu fühlen, dass du genug bist!

# WIE DU DEINER BERUFUNG FOLGEN KANNST

Vergiss alle Theorien und Erwartungen.
Lass los und erkunde, lerne, experimentiere,
erfahre, spiele …

# INS HANDELN KOMMEN

Wir sind schon recht weit gekommen auf unserem magischen Weg. Ich gehe davon aus, dass du viele Sachen über dich, deine Wahrheit und deine Bestimmung herausgefunden hast. Und vor allem, dass du dich viel mehr mit dir selbst verbunden fühlst. Die Frage ist nun, wie du all das, was du bist und gelernt und herausgefunden hast, in dein Leben integrieren kannst.

Deine Berufung und Bestimmung zu finden und sich darauf einzulassen, ist ja ein wenig wie Heiraten. Aber würdest du deine potenzielle Traumfrau oder deinen Traummann nur ein- oder zweimal daten und dann direkt zum Jawort übergehen? Nein, wir verabreden uns viele Male, lernen uns kennen, küssen uns und haben Sex, gehen durch Höhen und Tiefen ...

Und selbst wenn du alle Bücher zum Thema Beziehungen und Sex gelesen hast, weißt du nicht, wie es funktioniert, bis du nicht in der Praxis mit einem Menschen zusammen bist, jemanden liebst, mit ihm täglich kommunizierst und intim wirst. Von den vielen YouTube-Videos, die ich mir zu allen möglichen Themen reinziehe, werde ich noch kein Profi. Nicht die Surfvideos, die ich mir angesehen haben (und es waren wirklich viele!) haben eine gute Surferin aus mir gemacht, sondern nur das Üben mit meinem Board im Meer. Ich musste in der Wellenwaschmaschine viel Salzwasser trinken und muss das auch immer noch, wenn ich ehrlich bin. Ich habe viele Verletzungen davongetragen und war oft frustriert. Kein YouTube-Video dieser Welt hätte diese praktischen Erfahrungen ersetzen können.

*Du kannst in der Theorie noch so sehr wissen, wie man gut küsst – nur durch viel Küssen wirst du zu einer guten Küsserin.*

Wenn nicht schon viel vorher, so ist es jetzt an der Zeit, alle Ausreden über dein eigenes Board zu werfen, dich nicht länger selbst zu sabotieren, und endlich zu starten. Wenn du in einem Monat oder in einem Jahr immer noch da bist, wo du heute bist, dann hast du deine Zeit damit verschwendet, nicht zu wachsen, nicht zu lernen. Nichtstun ist der absolut sinnloseste Ort, an dem du verweilen kannst. Er mag dir sicher erscheinen, aber da ist nichts los. Kein Wachstum, keine Entwicklung!

Wenn du dich für das Schreiben interessierst, fang an zu schreiben. Starte einen Blog, schreibe ein Buch oder teile deine Gedanken auf Instagram. Finger auf die Tastatur, und los.

Du willst eine Non-Profit-Organisation starten? Mach Freiwilligenarbeit bei einer Organisation und starte einen Blog.

Du willst lernen, wie man programmiert? Melde dich für einen passenden Kurs an und fang an eine App zu kreieren.

Genauso habe ich das mit allem gemacht, das heute ganz selbstverständlich zu meinem Leben gehört: Ich hatte anfangs keine Ahnung, dass ich YouTube und Vlogging irgendwann ernsthaft betreiben würde. Ich habe nur hier und da mal ein Video gedreht. Aber dann wollte ich es wissen und habe dreißig Videos in dreißig Tagen gefilmt, geschnitten und veröffentlicht. Es war hart und eine echte Herausforderung. Danach war mir aber klar, dass YouTube und ich zusammengehören. Allein von ein paar Videos hätte ich das nicht gewusst.

Oder Yoga. Ich habe lange gebraucht, bis ich Yoga wirklich gut fand und noch viele Stunden und Jahre des Praktizierens länger, bis mir klar wurde, dass ich eine Yogalehrerausbildung machen wollte. Und erst nach der Ausbildung war mir klar, dass das Unterrichten von Yoga nichts für mich ist und ich die Ausbildung eigentlich nur für mich gemacht hatte. Einsichten, die kostbar sind, aber nicht im Kopf einfach so erscheinen.

Jedes Projekt, das ich starte, fängt mit einer Idee an und zu hundert Prozent schaut das Endresultat anders aus als gedacht. Durch den Weg der Umsetzung, des In-Aktion-Kommens ergeben sich neue Ideen, auf die ich allein in der Theorie nie gekommen wäre.

Planet Backpack fing mit der Idee zu einem Bewertungsportal für Reiseequipment an und wurde dann ein Reiseblog mit Tipps für Backpacker und schließlich für digitale Nomaden, die gern bewusst leben und reisen.

> *Du kannst nie wissen, wohin dich ein Date führt, und auch nach ein oder zwei Dates weißt du das nicht.*

Das Projekt Blog Camp begann mit gratis Workshops für angehende Blogger, dann folgten bezahlte Workshops, und schlussendlich wurde ein erfolgreicher Onlinekurs daraus.

Meine Idee, dreißig Tage lang Videos zum Thema Verletzlichkeit zu drehen, entwickelte sich zu meinem Projekt *Live Your Heart Out*, inklusive T-Shirt-Onlineshop, Sticker und der *Live Your Heart Out*-Online-Academy. Aber auf dem Weg von der ersten Idee bis zum endgültigen Resultat war ich auf jeder Menge Dates. Und wer weiß, wohin mich mein derzeitiger Weg führen wird. Ich weiß nur: Ich muss ihn gehen, immer weiter Dinge tun und ausprobieren, um es herauszufinden. Je mehr ich loslasse und je weniger ich versuche zu kontrollieren, desto mehr kann mich das Universum leiten.

Unser Problem ist oft gar nicht so sehr, dass wir nicht wissen, was wir mit unserem Leben machen wollen oder was unsere Berufung ist. Unser Problem ist ein Mangel an Aktion und Machen. Aber wir können unsere Berufung und die ultimative Karriere oder Businessidee nicht denkend entdecken. Rein technisch ist das nicht möglich, und das ist so ziemlich die einzige Einschränkung, an die ich im Leben wirklich glaube. An die und an physikalische Gesetze und solche Sachen.

Der Wert all meiner Worte liegt in deiner Entscheidung, aus dem Kopf rauszukommen. Er liegt in deiner Entschlossenheit, deine Intuition zu deiner ersten und obersten Quelle für Antworten und Informationen zu machen. Jedes Persönlichkeitsentwicklungsbuch ist nur hübscher Lesestoff, wenn du nichts damit machst und in deinem Leben veränderst. Ich muss das geradezu zwanghaft immer wieder wiederholen, denn es kommt mir vor, als seien die meisten Menschen da draußen süchtig nach Informationen, aber weniger gewillt, das Wissen auch anzuwenden. Was für einen Sinn haben dann Informationen? Ich mache mir als Informationsproduzentin viele Gedanken darüber, denn für mich ist nichts frustrierender als nur Inspiration zu sein, aber die Menschen nicht zum Tun zu bewegen. Allerdings habe ich darauf wenig Einfluss und kann nur hoffen, dass mein Job auch dann getan ist, wenn durch dieses Buch nur eine einzige Person in die Gänge kommt. Dieses Kapitel ist ein Tritt in den Allerwertesten, um dich auf deinen neuen Weg zu katapultieren.

## RAUS AUS DER FANTASIE, REIN IN DIE REALITÄT

Picasso hat mal gesagt: »Ideen sind nur Ausgangspunkte. Um zu wissen, was man zeichnen will, muss man zu zeichnen anfangen.« Er hat absolut recht! Also hör auf, das Ganze zu überdenken. Ich habe dir zwar in den vorherigen Kapiteln jede Menge Fragen und Schreibaufgaben in die Hand gedrückt, aber jetzt ist Schluss. Je mehr Zeit du denkend und grübelnd verbringst, desto weniger kommst du dir, deiner Berufung und deinem Weg wirklich näher. Eventuell führt es dich sogar weiter weg. Oft prokrastinieren wir einfach nur, indem wir einen Onlinekurs und Workshop nach dem anderen kaufen oder uns ständig neue Persönlichkeitsentwicklungs-, Karriere- und Businessbücher auf den Nachttisch legen.

Das Ganze wird dann zu einer Art mentaler Masturbation: Wir fantasieren und fantasieren, statt aktiv etwas zu tun. Denn genau das – ja, shit – das ist härter, als nur zu denken und sich die Dinge auszumalen. Es scheint, als hätten wir Angst davor herauszufinden, was das TUN eigentlich ist und wie gut oder schlecht wir darin sind. Denn – oh nein – wir könnten damit ja womöglich unsere Fantasien zerstören und praktische Antworten auf all unsere Fragen bekommen. Wir werden dann ja TATSÄCHLICH mit Ängsten konfrontiert, denen wir bisher nur in der Theorie begegnet sind.

Ja, Sandra oder Timo, ich weiß ganz genau, wovon ich rede, denn ich bin keineswegs schon immer die Aktionskönigin gewesen. Denn eins ist klar: Mit all deinen Ängsten und Prokrastinations-Strategien bist du kein spezieller Sonderfall. Es ist immer einfacher, Ideen zu entwickeln und über Dinge nachzudenken, als wirklich einen Fuß vor den anderen zu setzen.

Willkommen im Klub!

*Die einen reden und fantasieren darüber, was sie vorhaben. Sie träumen ihre Träume. Die anderen verwirklichen sie.*

## WERDE ZUR AKTIVISTIN

Mit Aktivistin meine ich nicht die konventionelle Definition, sondern ich spreche von einer Macherin. Von jemandem, der handelt, in Aktion kommt und nicht nur rumsteht und rumüberlegt und tausendmal alle Vor- und Nachteile durchgeht.

Meine Devise im Leben ist: Nicht in Problemen, sondern in Lösungen denken. Das hat mir meine Mama schon als Kind beigebracht und ich erinnere mich, dass sie zu Hause immer diese Affirmation an der Wand hängen hatte. Wenn ich ein Problem vor der Nase habe, denke ich nicht lange drüber nach, wie blöd das Problem ist, sondern suche schnell nach Lösungen.

Kein Bock mehr auf meinen Job? Okay, cool, was gibt es für Alternativen? Wie kann ich anders mein Geld verdienen?

Ich fühle mich alleine. Okay, was ist der Trigger? Was ist die Wurzel meiner Einsamkeit? Wie kann ich es lieben, alleine zu sein, ohne mich künstlich abzulenken?

Ich habe nicht genügend Zeit, um mich meiner Berufung zu widmen. Okay, wie kann ich mehr aus meiner verfügbaren Zeit rausholen und produktiver sein? Kann ich Dinge auslagern? Kann ich früher aufstehen? Verstehst du, was ich meine? Als Macherin stelle ich lösungsorientierte Fragen und suche nach praktischen Antworten. Wie schon gesagt: Die Qualität deines Lebens hängt von der Qualität der Fragen ab, die du dir und dem Leben stellst.

Bist du also ein Mensch der Intention und Absicht oder ein Mensch des Handelns? Du solltest wissen, dass du diesbezüglich die Wahl hast und das in deiner Hand liegt. Es gibt nie *den* perfekten Moment, um anzufangen – außer immer und jetzt.

> *Eine Macherin denkt nicht ewig über Probleme nach, sie löst sie.*

## ÜBERLISTE DEINEN INNEREN WIDERSTAND

Eine Aktivistin oder Macherin zu werden, verlangt nicht sofort krasse Aktionen, es reicht – wie immer –, mit kleinen Veränderungen zu beginnen. Und dann immer größere und noch größere. Wichtig dabei ist, dass du deine Komfortzone spürbar erweiterst. Wenn du länger als ein paar Wochen eine Idee oder ein Projekt planst, dann bist du in der Angst und im inneren Widerstand. Die erfolgreichsten und besten Macherinnen sind nicht deswegen so erfolgreich, weil sie aus einer goldenen Tasse getrunken hätten. Sie sind es, weil sie nicht darauf warten, bis sie sich gut in Form, bestens vorbereitet oder inspiriert fühlen. Sie fangen an zu arbeiten, jeden Tag, sie machen einfach. Weil sie wissen, dass Inspiration während des Machens kommt und nicht, während wir auf sie warten oder sie suchen.

Wenn ich mich aus dem Kopf ins Handeln bringen will, fang ich das total chaotisch, schlampig und anti-perfektionistisch an. Aber mein Handeln hat beträchtliche Substanz, da geht richtig was weiter. Kopf aus, Aktivistenmuskel an.

Für dieses Buch habe ich mich wochenlang jeden Morgen mit meinem Laptop auf die Couch gesetzt und geschrieben. Wenn ich das nicht getan und stattdessen auf Eingebungen gewartet hätte, müsstest du wohl drei Jahre auf dieses Buch warten. Meine besten Ideen kommen während des Schreibens, nicht wenn ich über das Schreiben nachdenke. Der Flow kann erst richtig fließen, wenn ich schon längst angefangen habe.

Wenn du Qualität willst, fang mit Quantität an. Produziere und kreiere viel, ohne zu jammern, denn nur im Tun wirst du lernen und besser werden. Gerade wenn du noch nicht so viel Erfahrung in einer Sache hast, ist es wichtig, sie ganz oft zu machen, am besten täglich. Und es ist wichtig, dass du mehr machst und kreierst, als du konsumierst, träumst und planst. Denn bei den meisten Menschen überwiegt der Konsum bei Weitem. Damit will ich nicht sagen, dass ich nie Social Media konsumiere, mir nie ein Fußballspiel anschaue oder gelegentlich mal eine Netflix-Serie reinziehe. Aber es passiert recht selten und ist ein Bruchteil meiner Zeit. Für mich ist es wichtiger, Dinge zu tun, die wirklich von Bedeutung sind.

*Handeln kristallisiert automatisch deine Vision. Das ist ein magischer Prozess, den du nur im Tun erfahren kannst.*

Konsumieren ist easy und bequem – und, klar, kann ein wenig Spaß bringen – aber es ist relativ bedeutungslos auf der großen Skala des Lebens. Mein Mantra für dich lautet deshalb: Kreiere und erschaffe mehr, als du konsumierst. Schreib es dir an die Wand – oder zumindest auf ein Post-it und klebe es dir überall hin zu Hause als Erinnerung.

## LEBE DEIN LEBEN WIE EIN EXPERIMENT

Stell dir vor, du gehst alles, was du tust, wie ein Experiment an. Stell dir vor, du bist Forscherin und erkundest jeden Tag dein

Leben und die Welt um dich herum. Stell dir vor, du lebst nach der Philosophie, dass das Leben nicht mehr und nicht weniger ist als ein Experiment, und du bist die leitende Wissenschaftlerin, die den Laden schmeißt.

Wenn du dein Leben als Experiment siehst, kannst du ohne Druck alle möglichen Sachen ausprobieren, denn nichts muss perfekt sein. Experimente dürfen danebengehen. So und nicht anders lebe ich mein Leben. Es ist quasi eine Serie an Experimenten. Ich mache ständig so viele Sachen und probiere so vieles aus und weiß vorher nie, wie und ob es klappt. Und das ist das Tolle daran. Ich kann mich

*Das Coole an Experimenten ist, dass du vorher gar nicht alle Antworten brauchst und auch nicht haben kannst! Sie kommen dadurch ja erst zustande.*

emotional von den Resultaten lösen und mehr spielen, ohne große Erwartungen an die Ergebnisse zu haben. Ich kann verschiedene Unternehmungen starten und Berufungen nachgehen, ohne zu denken: »DAS muss es jetzt sein!« Nein, alles sind nur Testversuche. Manche davon funktionieren und manche eben nicht.

Ein gutes Laborexperiment sind 30-Tages-Challenges, bei denen du einen Monat lang ausprobierst, wie gut eine Sache zu dir passt und sich auswirkt. Ich habe diese Challenges zum Beispiel dazu genutzt, um jeden Tag eine Stunde lang zu meditieren, keinen Zucker mehr zu essen, meinen Social-Media-Konsum radikal einzuschränken, meinen Besitz auf 100 Dinge zu reduzieren oder um zu sehen, was passiert, wenn ich ganz nach meiner Intuition lebe und nur meiner Freude folge. Das sind nur ein paar Beispiele aus all meinen Experimenten, damit du siehst, dass ich nicht nur mit Worten schwinge, sondern auch danach lebe und meine eigene Medizin trinke.

Wichtig ist, dass du genau wie eine gute Wissenschaftlerin deine Theorien beständig überprüfst. Dass du deine Wahrheiten, einschränkenden Glaubenssätze, Annahmen und den

Status quo immer wieder infrage stellst. Denn was heute wie die Wahrheit aussieht, kann morgen schon ganz anders aussehen, nachdem du dein Experiment abgeschlossen hast. Und das beeinflusst auch die Entscheidungen, die du triffst. Geh deshalb mit einem wachen Geist durch die Welt und sei offen für neue Ideen, Perspektiven und Theorien.

## WIE DU WIRKLICH IN AKTION KOMMST

**Tipp Nr. 1: Lass dich nicht von deiner Angst aufhalten.**
Verbinde dich mit deinen Ängsten. Was wollen sie dir wirklich sagen? Sitze mit ihnen. Sprich mit ihnen. Wenn wir anfangen, uns und dem Leben zu vertrauen, ist es viel einfacher, Dinge in die Hand zu nehmen. Mach regelmäßig Dinge, die dir Angst machen. Und wenn es nur neue oder unangenehme Erfahrungen sind, wie zum Beispiel alleine in einem Restaurant zu essen.

---

### RAUS AUS DER KOMFORTZONE

Wenn du nur Sachen machst, die easy sind und dir auf einer Skala von 0 bis 10 nur so eine 0 bis 1 Angst machen, dann spielst du in einem zu kleinen Aktivistensandkasten. Beginne am besten mit einer 3 bis 4 und dann langsam nach oben, bis du irgendwann sogar Sachen machst, die dir eine 10 Angst machen, zum Beispiel Surfstunden nehmen. Du tust sie dann trotzdem, weil du weißt, dass du nicht stirbst, sondern nur wächst – selbst wenn du voll auf die Nase fliegst – oder ins Wasser.

**Tipp Nr. 2: Fang klein an, aber fang an.**
Es geht nicht darum, sofort Großes zu erschaffen. Es geht um kleine Schritte, die mit der Zeit größer werden. Du bist jetzt motiviert, während du das liest, bleib in dieser Energie.

> **MEIN 2-MINUTEN-TRICK**
>
> Ganz egal, was es ist, worauf ich gerade keine Lust habe: Ich verspreche mir selbst, die Sache für nur 2 Minuten zu tun, für 120 Sekunden. Und weißt du, was dann passiert? Aus 2 Minuten werden meist 5, dann 10, und zack, sind 2 Stunden vergangen.

**Tipp Nr. 3: Mach das Arbeiten an deinen Zielen zur täglichen Routine.**
Wenn du kleine Schritte machst, dann nicht so klein, dass sie dir weiter erlauben zu prokrastinieren und nicht voll aufs Ganze zu gehen. Und vor allen Dingen: Mach sie jeden Tag!

**Tipp Nr. 4: Lass Ideen nicht verloren gehen.**
Verwende eine App oder ein Notizbuch, das nur für deine Ideen reserviert ist. Auch ein Bullet-Journal ist ein sehr hilfreiches Tool.

> **FÜHRE EIN IDEENBUCH**
>
> Mach es dir zur Gewohnheit, ab jetzt Ideen, Einfälle und Einsichten, die du während des Tages hast, aufzuschreiben – egal ob sie erst mal klein oder unwichtig erscheinen.

**Tipp Nr. 5: Nimm dich und das Leben nicht so ernst.**
Je mehr wir mit einem spielerischen Mindset an alles im Leben herangehen, desto entspannter sind wir. Was ist, wenn du dein erstes YouTube-Video oder Fotografie-Projekt als Spiel und Experiment siehst und nicht als ultrawichtige Sache, bei der es um alles oder nichts geht? Übe dich im Spielen!

---

### SPIEL MAL WIEDER!

Schreibe drei Dinge auf, die du als Kind gern getan hast und die du in den nächsten sieben Tagen *spielen* kannst.
Hier ein paar Beispiele von mir und was ich gern tue: Zeichnen oder Malen auf dem iPad (ich liebe die App *Procreate*), Surfen und Skateboarden, mit meiner Kamera durch die Straßen oder die Natur streifen und experimentieren, Minecraft spielen oder tanzen (zum Beispiel Ecstatic Dance). Aber natürlich können dir ganz andere Sachen Spaß machen: im Schwimmbad Arschbomben oder Handstand üben, Basteln oder Mandalas malen, Musik machen oder singen, Theater spielen oder Rollenspiele machen, eine Schneeballschlacht oder Sandburgen bauen

---

**Tipp Nr. 6: Mach in den nächsten vier Wochen fünf Dinge, die du noch nie gemacht hast.**
Mach in den nächsten vier Wochen Dinge, die du schon immer tun wolltest, aber aufgeschoben hast. Noch besser ist es, wenn du dir Sachen aussuchst, von denen du denkst, dass du sie nicht magst oder kannst. Für mich wäre das zum Beispiel HipHop tanzen, einen Tisch bauen oder gärtnern.
   Was würde auf deiner Liste stehen?

**Tipp Nr. 7: Schaffe Verbindlichkeiten.**
Miete ein AirBnB, um dein Buch zu schreiben (selbst wenn nur für ein Wochenende), kauf dir die Filmkamera, poste über dein Vorhaben auf Social Media, melde dich für die Schauspielstunden an, hol dir einen Sparringspartner. Was auch immer es ist, triff eine Entscheidung, die Konsequenzen nach sich zieht.

**Tipp Nr. 8: Setz dir konkrete Ziele mit Deadlines.**
Ziele sind Träume mit Fristen. Aber die musst du dir selbst setzen, denn es wird kein anderer für dich tun. Kein Vorgesetzter und kein Lehrer.

**Tipp Nr. 9: Überprüfe dein Tun.**
Was auch immer du tust, checke immer mal wieder, ob dein Kompass noch in Richtung Berufung zeigt. Frage dich Dinge wie: Trage ich zum Leben anderer Menschen Positives bei? Mache ich damit einen Unterschied? Wachse ich selbst daran? Entwickle ich mich dadurch zu einem besseren Menschen?

**Tipp Nr. 10: Entwickle Rituale.**
Schaffe dir wiederkehrende Rituale und einen passenden Rahmen für deine neue Aufgabe. Schalte zum Beispiel den Flugmodus deines Telefons ein, zünde eine Kerze an, setze Kopfhörer auf, mach dir gute Musik an, meditiere, bevor du startest.

**Tipp Nr. 11: Unterteile große Aufgaben in kleine Schritte.**
Wenn ich zum Beispiel ein Video für YouTube machen will, schreibe ich mir alle Teilschritte mit aktiven Verben auf:

1. wähle Thema
2. recherchiere
3. schreibe Outline
4. wähle Location für den Shoot
5. stelle Kameraequipment auf und so weiter.

## DEIN 30-TAGE-SPIELPROJEKT

Lass uns spielen, und zwar richtig. Wenn du bisher noch nicht in Aktion gekommen bist, dann wirst du es jetzt tun. Das hier ist deine Erlaubnis, für die nächsten 30 Tage mit einer Sache, kreativen Idee oder möglichen Leidenschaft zu spielen und zu experimentieren. So lernst du am besten, zu experimentieren und schnell ins Handeln zu kommen, nicht zu viel Zeit in das Denken und Planen zu stecken und mehr über dich selbst zu lernen.

### UND SO GEHT'S: 30-TAGE-SPIELPROJEKT

Mach eine Liste an zehn Dingen, Interessen, Leidenschaften oder Fähigkeiten, die du gerne vertiefen und ausprobieren möchtest. Dabei gibt es drei Kriterien zu beachten: Erstens: Du musst Freude daran haben. Zweitens: Es muss für andere in irgendeiner Form hilfreich oder von Nutzen sein. Drittens: Es muss deine Komfortzone ausweiten und dir helfen zu wachsen.

- ◇ Bewerte deine Ideen basierend auf ihrem Level an Leidenschaft, Freude und Hell-Yeah von eins bis zehn.
- ◇ Wähle eine echte Hell-Yeah-Idee.
- ◇ Schaffe dir für diese eine Idee täglich Raum und Zeit, mindestens 20 Minuten. Trage sie als täglichen Termin in deinen Kalender ein. Mach sie zur Priorität!
- ◇ Recherchiere eine Liste an Büchern, Podcasts, Kursen und Webseiten als Lernquellen – aber verlier dich nicht zu lange in der Recherche.
- ◇ Fange sofort an, und nicht irgendwann, sobald du bereit bist. Überdenke dein Projekt und dein Vorhaben nicht.

Diese spielerische Challenge soll Spaß machen. Sie wird deine kreativen Energien wecken, Raum für neue Ideen schaffen und dafür sorgen, dass du deiner Berufung einen weiteren Schritt näherkommst. Du öffnest dich damit dem Universum und zeigst ihm: Hey, ich bin bereit, ich bin hier, ich meine es ernst. Oftmals antwortet dir das Universum mit richtig coolen Sachen und vor allem mit Sachen, die du überhaupt nicht erwartest. Du läufst deinem geilsten Leben und deiner Berufung quasi entgegen, statt zu warten, dass sie zu dir kommen.

Bevor du loslegst, noch ein paar Tipps:

1. Dein Spielprojekt kann völlig unterschiedlicher Natur sein und es muss überhaupt nicht die zukünftige Richtung deines Lebens repräsentieren. Es kann darum gehen, ein Business zu starten, Malen zu lernen, ein Instrument oder eine Sprache zu lernen, eine Webseite zu bauen usw.
2. Verbringe nicht so viel Zeit damit, eine Entscheidung zu treffen, welche deiner Ideen die richtige ist. Nimm eine, und fertig. Lerne, schnell zu entscheiden und in die Umsetzung zu kommen. 30 Tage sind ein Monat – keine lange Zeit. Du kannst danach etwas anderes angehen.
3. Mach dir nicht so viele Gedanken darüber, wo das Ganze hinführen wird. Es ist ein Spiel. Ein Experiment. Hier geht es nicht um Leben oder Tod. Take it easy und hab Spaß dabei. Ich weiß, es mag schwierig sein für deinen Kopf, nicht schon vorab alle Antworten zu wissen, aber genau darum geht es. Du bringst deinen Affen im Kopf bei, die Klappe zu halten, während du mit dem Machen beginnst.
4. Halte es simpel und spielerisch. Frage dich, wie du die Idee oder Fähigkeit am einfachsten austesten kannst – auch ohne raffinierte Ressourcen und detailliertes Wissen.
5. Verbinde dich mit anderen. Mach diese Aufgabe mit einer anderen Person und verabrede mit ihr einmal pro Woche einen Check-up-Termin. Oder erzähle zumindest jeman-

dem davon, dem du im Prozess Rechenschaft schuldig bist und dem du von deinen Ergebnissen und Learnings erzählst. Aber selbst, wenn du niemanden hast, sollte das nicht im Weg stehen anzufangen. Nimm es nicht als Ausrede, um nicht zu starten.

Du kannst den Hashtag #findyourmagicbaby auf Social Media verwenden. Ich schau mir gerne an, was bei dir abgeht! Und du kannst nach diesem Spielprojekt ein weiteres machen und ein weiteres. Jedes einzelne wird dich immer weiterbringen.

# JOB UND BERUFUNG IN EINKLANG BRINGEN

Ich sehe vier praktische Optionen, um deine Berufung mit deiner Arbeit in Einklang zu bringen:

1. dich selbständig machen
2. deine Berufung in deinen Job integrieren
3. eine parallele Variante
4. Berufung als Nebengeschäft.

**1. Starte dein eigenes Business basierend auf deiner Berufung und mach dich selbstständig.**
Das ist mein Favorit und, wie ich finde, die beste Art und Weise, deine Berufung und deine Wahrheit wirklich voll und ganz auszuleben. Diese Variante geht mit mehr Risiko und Verantwortung einher, aber auch mit einer Menge mehr Freiheit.

**2. Integriere deine Berufung in deinen jetzigen Beruf oder deine Selbstständigkeit.**
Wenn das eine Option für dich ist – mega. Wenn nicht, ziehe Nummer 1 beziehungsweise 4 in Erwägung.

**3. Deine Berufung parallel zu deinem Job verfolgen, ohne (vorerst) mit ihr Geld zu verdienen.**
Vielleicht hast du ja einen Job, der total okay ist, und deine Berufung bietet sich nicht dafür an, damit Geld zu verdienen (oder zumindest noch nicht – wer weiß, was sich tut, wenn du voranschreitest). Dann kann es eine wunderbare Option sein, deiner

Berufung parallel zu deinem Broterwerb Zeit einzuräumen – im besten Fall täglich.

**4. Deine Berufung als Nebengeschäft (Das Side Hustle).**
Ich kann mir vorstellen, dass die meisten Leserinnen erst mal diesen Weg einschlagen. Denn wir können ja doch nicht alle so einfach von heute auf morgen mal eben von einem festen Job in ein erfolgreiches eigenes Business wechseln. Und du musst auch gar nicht warten, bis du deinen Job gekündigt hast, um mit deiner Berufung durchzustarten und Geld zu verdienen.

Die Entscheidung liegt bei dir – und wie immer liegt sie IN dir.

## BERUFUNG UND EINKOMMEN

Vermutlich ist die Frage bereits in deinem Kopf aufgetaucht: Wie kannst du deine Leidenschaften und Stärken so einsetzen, dass sie der Welt dienen und du gleichzeitig davon leben kannst? Wie lässt sich mit (d)einer Berufung Geld verdienen? Wenn das die Frage ist, die sich dir stellt, habe ich schlechte Nachrichten für dich: Du bist auf dem falschen Dampfer, denn das ist die falsche Frage. Wir sollten nie etwas allein deshalb tun, weil wir wollen oder hoffen, dass es uns Geld einbringt. Das mag vielleicht eine komische Logik sein, aber überleg dir mal: Ein solches Mindset ist getrieben von Mangel und Angst.

Meine Absicht, mit meiner Message und mit diesem Buch ist es, dir zu zeigen, wie sehr es sich »auszahlt«, von dem gewaltigen Verlangen angetrieben zu sein, einen Beitrag zu leisten und zu geben. Man könnte fast sagen, dass es lieblos gegenüber deiner Berufung ist, von Geld motiviert zu sein. Denn du bist eine Botschafterin, um hervorzubringen, was in dir steckt. Durch dich soll eine Sache kreiert und realisiert werden – ob mit oder ohne Bezahlung ist deiner Berufung egal.

Du solltest dir keine Gedanken darüber machen, wie du mit deiner Berufung Geld verdienen kannst, denn es geht nicht um das WIE. Wenn du nach dem WIE fragst, heißt das, dass du noch Blockaden in dir hast, die aufgelöst werden wollen. Das WIE ist nicht das große Problem, sonst wären wir alle Millionäre. Es gibt endlos viele WIE-Informationen da draußen. Jeder kann sich heutzutage Marketing- und Verkaufs-Skills aneignen und anfangen, so sein Geld zu verdienen. Es ist keine Wissenschaft, auch wenn du das vielleicht denkst. Und wenn du das denkst, sind es deine einschränkenden Glaubenssätze, die dir im Weg stehen. Solange du den Glauben in dir trägst, dass du nicht gut genug bist, kannst du alle WIE-Kurse und WIE-Bücher der Welt lesen und alles umsetzen, was sie dir beibringen und trotzdem keinen Cent verdienen, egal wie hartnäckig du es versuchst.

Ich kenne viele Leute, die einfach gestartet sind, ohne sich über das Wie viele Gedanken zu machen, und mega erfolgreich wurden. Und ich kenne viele Leute, die alle Kurse und Bücher und Coachings gekauft haben und ihr Ziel trotzdem nicht erreicht haben. Außerdem: Wenn du von Wie-Leuten lernst, wie man mit etwas Geld verdient und erfolgreich wird, lernst du auch nur, was für sie funktioniert hat. Daher bin ich so eine große Verfechterin von TUN und EXPERIMENTIEREN.

*Deine Berufung und Bestimmung sind an und für sich keine Karriere oder ein Business. Sie wollen nur, dass du erscheinst und sie durch dich wirken lässt.*

Von daher ist es so wichtig, dass du nicht beim WIE stecken bleibst. Konzentriere dich auf dein WARUM – auf deine Mission und deine Absicht. Das Universum wird im Zuge dessen für dich aus dem Weg gehen und dir den Weg frei machen. Und im Nebeneffekt wirst du damit auch finanziell erfolgreich sein. Es ist viel wichtiger, dass du im Einklang mit deiner Wahrheit lebst. Denn dann kommen Informationen und Menschen und Ideen automatisch zu dir. Aber wenn du weiterhin in Angst,

Mangel und innerem Widerstand bist, riegelst du dich selbst ab und hältst dich vom Flow getrennt.

Hier ist der beste Tipp, den ich dir geben kann: Verbinde dich mit deiner Bestimmung und finde heraus, wie du mit deiner Berufung ein Problem für andere Menschen und die Welt lösen kannst. Wie kannst du hilfreich sein? Wie kannst du der Welt etwa Gutes tun? Wichtig ist, dass du von einem Gefühl der Fülle aus handelst und nicht aus dem Mangel heraus. Denn solange du mit dem Mangel verbunden bist, wird es das Geld schwerhaben, zu dir durchzudringen. Wenn du deine Berufung vordergründig dafür nutzen willst, um ein Einkommen zu generieren, kommt deine Arbeit nicht von Herzen. Es ist Manipulation für deinen eigenen Zweck.

All das bedeutet natürlich nicht, dass du mit deiner Berufung nicht auch finanziell sehr erfolgreich sein kannst. Na klar kannst du das, wenn deine Mission deine Priorität ist und nicht das Geld. Geld sollte nicht dein Hauptmotivator sein, doch das Universum weiß, dass es nötig ist, um deine Berufung langfristig voll ausleben zu können. Das Universum ist ja nicht doof!

## MONEY-MINDSET – VOM MANGEL ZUR FÜLLE

Wenn wir uns darauf konzentrieren, was wir nicht haben, werden wir nie genug haben. Das habe ich selbst schon oft lernen müssen. Wenn wir hingegen dankbar sind für das, was wir haben, wird uns letztendlich noch mehr Geld zufließen. Geld trifft dich immer genau da, wo du dich energetisch befindest. Das bedeutet, dass sich deine innere Beziehung zu Geld direkt darin widerspiegelt, wie viel du von ihm besitzt.

*Es gibt unendlich viel Geld auf dieser Welt. Auch für dich. Geld ist nur Energie.*

Nicht Geld ist also das Problem, sondern es sind deine Glaubenssätze rund ums Geld, die Tatsache, dass du auf den falschen

Frequenzen unterwegs bist und dir selbst und deinem Wunsch nach Geld im Weg stehst. Wenn du zum Beispiel denkst, dass Geld nicht auf Bäumen wächst oder Geld der Grund allen Übels ist. Wenn du reiche Menschen verurteilst und bewertest – ja, dann ist es wohl kein Wunder, dass du nicht im Geld schwimmst. Dann hast du ein Programm am Start, das es dir unmöglich macht, dein Geburtsrecht nach Fülle einzufordern. Und als Geld hätte ich dann auch keine Lust, bei dir zu wohnen und mit dir in einer Beziehung zu sein. Dann kann ich dir nur eins raten: Ändere dein Mindset. Programmiere und aktualisiere deine Software.

Sei großzügig mit dem, was du hast. Ich weiß, da scheint anfangs wie eine Wanderung auf einem sehr schmalen Grat, aber mit der Zeit wird dieser Grat breiter, und dann läufst du auf einmal auf einem achtspurigen Highway. Übung, Baby! Immer wieder wiederholen – das bringt neue Synapsen und Verbindungen im Gehirn in Fahrt!

Und so könnte deine Wunsch-Ausgabenliste aussehen:

◇ Miete für ein wunderbares 3-Zimmer-Häuschen in der Nähe vom Meer, denn da fühlt sich meine Seele am wohlsten: 2000 Euro/Monat
◇ Gesundes, nährendes, biologisches Essen vom Supermarkt und in Cafés/Restaurants, damit ich gesund bleibe und genügend Energie habe: 800 Euro/Monat
◇ Reisen und Ausflüge
◇ Events, Workshops und Retreats
◇ Kurse und Bücher
◇ Life Coaching und Therapie
◇ Reinvestition ins Business

Vielleicht denkst du ja auch, dass Geld und Spiritualität und Bewusstsein nicht zusammengehen. Es gibt viele Menschen, die andere Menschen mit spirituellen Berufungen oder im Bereich

Persönlichkeitsentwicklung dafür verurteilen, dass sie viel Geld verdienen. Das ist Blödsinn und deine subjektive, einschränkende Bewertung. Niemand von uns muss sich schuldig dafür fühlen, viel Geld zu verdienen. Wir alle verdienen es, viel Geld zu verdienen und vielen Menschen zu helfen. Das eine schließt das andere nicht aus, im Gegenteil!

---

**ÜBERPRÜFE DEIN MONEY-MINDSET!**

Schau dir deine Programmierung und Konditionierung rund um das Thema Geld an:
- Welche Geschichte erzählst du dir zum Thema Geld?
- Was sind deine Glaubenssätze rund ums Geld?
- Was ist dein Selbstwert in Sachen Geld-Verdienen?
- Welche Rolle hat Geld in deiner Familie gespielt?
- Wie fühlt sich Geld für dich an?
- Bewertest und verurteilst du Menschen mit viel Geld?
- Wie fühlst du dich, wenn du dein Bankkonto checkst?
- Wie fühlst du dich, wenn du etwas kaufst?
- Welche Sprache verwendest du, wenn es um Geld geht? Kohle, Knete oder Zaster? Sprichst du von ausgeben statt investieren, von unerschwinglich statt hochwertig, von teuer statt weniger erschwinglich?

---

Wenn du aus einem Mangelbewusstsein heraus denkst, dass du nie genügend Geld hast, dann ist der erste Schritt, jeden Tag Dankbarkeit zu fühlen für das, was du hast und was gut ist in deinem Leben.

## DEIN FÜLLE-TRAINING

◇ Führe ein Dankbarkeitstagebuch.
Nimm dir dafür jeden Tag nach dem Aufwachen und/oder vor dem Schlafengehen fünf Minuten Zeit und schreibe drei bis fünf Dinge auf, für die du dankbar bist.

◇ Sei freigiebig.
Fülle anzuziehen, fängt auch mit Geben an. Du willst mehr Liebe? Gib mehr Liebe. Du willst mehr Geld? Sei großzügig mit dem, was du hast, auch wenn es nicht viel ist. Geben, ohne Erwartungen, ist eine der tollsten Sachen, die du machen kannst. Wenn du Erwartungen an dein Geben knüpfst, bist du wieder im Mangelbewusstsein.

◇ Schreibe deine Geldstory neu.
Welche neue Story über Geld willst du dir gerne erzählen? Vielleicht die, dass du dich vom Geld unterstützt und gehalten fühlst? Vielleicht die, dass du Geld bedingungslos liebst, egal, wie viel gerade davon da ist? Vielleicht die, dass du Geld vertraust und eurer Beziehung?

◇ Schreibe einen Liebesbrief an das Geld.
Schreibe darüber, was dir Geld bedeutet, über eure Beziehung zueinander, was du in Bezug auf Geld empfindest, welche Beziehung du gern zu ihm hättest…

◇ Mach dir klar, wie viel Geld du im Monat gern haben würdest.
Mach dir klar, wie viel Geld du pro Monat brauchst und wofür du dein Geld eigentlich verwenden möchtest – und vor allen Dingen auch warum.

Wirklicher Reichtum und Fülle beginnen genau damit. Je mehr du dich darauf ausrichtest, desto mehr wird dein Gehirn die Tendenz entwickeln, das Gute in deinem Leben und der Welt zu sehen. Und was glaubst du dann, was passiert? Da unsere Realität aus dem besteht, was wir denken und fühlen, wird sich deine Realität verändern. Mach die Konzentration auf Fülle zu einer neuen Gewohnheit im Denken und im Fühlen.

## EINE NEUE DEFINITION VON ARBEIT

Wir verbringen eine Menge Zeit damit, zu arbeiten und unseren Lebensunterhalt zu bestreiten – ich sehe keinen Grund, weshalb wir unsere wertvolle Lebenszeit und -energie darauf verschwenden sollten, für jemanden oder etwas zu arbeiten, das nicht im Einklang mit unserer Bestimmung, unserer Wahrheit und unseren Werten ist. Ich will dich deshalb dazu einladen, deine Auffassung von Arbeit infrage zu stellen, und plädiere für eine neue Sichtweise auf das Thema »Arbeit« sowie eine Loslösung von den Konzepten, die wir bisher dazu kennen.

Viele von uns sehen Arbeit vordergründig als **Job und Mittel zum Zweck,** um für das eigene Ein- und Auskommen zu sorgen. Sie warten sehnsüchtig auf das Wochenende oder den nächsten Urlaub und erleben wenig Befriedigung geschweige denn Erfüllung. Andere haben vor allem ihre **Karriere** im Blick und konzentrieren ihre Energien auf das Höher, Schneller, Weiter, auf Anerkennung, Beförderung und Geld. Das bedient unser Ego, kann kurzfristig durchaus befriedigend sein, ist aber langfristig trotzdem selten erfüllend. Wie **Arbeit als Berufung** aussiehst? Du würdest es gratis tun und bist mit deiner Seele verbunden. Arbeit würde sich wie Spielen anfühlen.

Wie das bitte gehen soll? Wie kann Arbeit zu etwas werden, das ich tun darf und nicht tun muss oder soll? Ich persönlich lebe nach der Auffassung, dass es zwischen Arbeit und Leben wenig bis keine Unterscheidung und Abgrenzung geben sollte. Daher plädiere ich für die Null-Stunden-Arbeitswoche. Und ich benutze grundsätzlich nur ungern das Wort Arbeit. Es lässt mich innerlich ein wenig zusammenzucken, weil es so eine negative Konnotation hat. In meiner veralteten Sichtweise gibt es entweder Arbeit oder Nicht-Arbeit. Und wenn es Arbeit ist, dann ist es nicht Leben. Doch was ist, wenn das eine vom anderen nicht zu trennen ist?

Klar, es gibt immer mal Sachen, die ich tun »muss« – wobei ich versuche, das meiste davon an Menschen auszulagern, die so was lieber und besser machen (zum Beispiel alles, was mit Zahlen zu tun hat). Oder aber ich tue diese Dinge mit einem positiven Mindset. Ein Modell, dass ich dir unbedingt empfehlen kann.

Überlege für dich selbst, welchen Stellenwert Arbeit in deinem Leben haben soll und welche Beziehung du zu ihr und deiner Berufung haben möchtest, und richte danach dein Leben aus und nicht nach irgendetwas, das dir gegeben erscheint.

> **ÜBERPRÜFE DICH SELBST:**
> **WIE DEFINIERST DU ARBEIT?**
>
> Nimm dir Stift und Papier und beantworte für dich die folgenden Fragen:
> ◇ Was ist Arbeit für dich?
> ◇ Was sind deine Glaubenssätze rund um Arbeit?
> ◇ Welche Rolle soll Arbeit in deinem Leben spielen?
> ◇ Was hast du von deinen Eltern über Arbeit und ihre Rolle im Leben gelernt?

## ANGESTELLT BLEIBEN?

Ich persönlich habe keine Erfahrung darin, wie man in einem Angestelltenverhältnis glücklich sein kann, aber trotzdem weiß ich, dass es für viele andere Menschen genau das Richtige ist.

Ich selbst kann einfach nicht angestellt sein und ich bin auch einfach keine gute Angestellte, allein schon, weil ich Probleme mit Autorität und Regeln habe. Ich will arbeiten, wann ich arbeiten will, und kreativ schaffen, wenn für mich die beste Zeit ist. Ich will reisen, wenn ich Lust darauf habe und von überall auf der Welt aus arbeiten. Ich will an meinen eigenen Träumen arbeiten und nicht an denen von anderen Menschen. Und ich will mir morgens so viel Zeit für meine Morgenroutine nehmen, wie ich möchte, und zum Yogaunterricht gehen, wann ich will, und surfen, wenn die Wellen gut sind. Für mich ist ein Angestelltenleben also keine Option. Ich habe es mehrmals probiert, aber ich war einfach nur unglücklich.

*Ich kenne durchaus Menschen, die mit diesem Lebensmodell wirklich glücklich sind. Es sind nicht viele, um ehrlich zu sein, aber sie gibt es.*

Das mag für dich nicht der Fall sein. Du willst oder brauchst vielleicht gar nicht so viel Freiheit wie ich und magst die Routine und (vermeintliche) Sicherheit eines Nine-to-five-Jobs. Das ist voll in Ordnung – so lange du wirklich nicht nur aus Angst in deinem Job bleibst und dich selber verarschst.

Ich kann dir aus den genannten Gründen keine Tipps geben, wie ein glückliches Angestellten-Dasein aussehen kann. Das wäre, als würde ich dir Tipps zum Thema Kindererziehung geben wollen, aber ich selbst habe gar keine Kinder. Oder wie du am besten deine Katze ernährst, aber ich bin gar kein Katzenfan. Allerdings kann ich dir zwei grundlegende Fragen mitgeben, wie du entscheiden kannst, ob dein Job das Richtige für dich ist oder nicht:

> **SIND DEIN JOB UND DEINE BERUFUNG IM EINKLANG?**
>
> ◇ Sind dein Job oder deine Karriere auf deine Werte und dein großes Warum ausgerichtet?
> ◇ Ist deine Karriere kompatibel mit deinem perfekten Tag?

## JOB KÜNDIGEN?

Wenn du die beiden Fragen mit Nein beantwortet hast, ist das vermutlich ein Zeichen dafür, dass dich dein Job nicht glücklich machen wird und eine Kündigung eine gute Idee ist. Aber einen festen Job kündigt man eben nicht so einfach, denn irgendwie muss ja das Essen auf den Tisch und die Kinder müssen versorgt werden. Diese Argumente der »Realisten« da draußen sollten aber trotzdem nicht der Grund sein, dass du in einem Arbeitsverhältnis stecken bleibst, das dich einfach nur unglücklich macht. Carl Gustav Jung hat mal sehr klar definiert, was Menschen davon abhält, ein autonomes, erfülltes und glückliches Leben zu führen: Ihr Widerstand, sich Erfahrungen zu öffnen, die neu und unvertraut sind und somit potenziell gefährlich für ihr Selbstempfinden. Wir wollen oft, dass das Leben sicher ist, unkompliziert, vertraut und in vielerlei Hinsicht unveränderlich. Aber so ein Leben ist letztendlich beklemmend, denn es schließt die Möglichkeit des Lernens, der Entfaltung und der Entwicklung eines weiteren und höheren Bewusstseins aus. Eben deshalb ist die Entscheidung über deinen Job so wichtig, besonders auch, da er so viel Zeit und Energien in deinem Leben einnimmt.

Schau dir in Sachen Entscheidungsfindung noch einmal die nachfolgenden Aussagen an und überprüfe, was davon zutrifft:

**Was sagst/denkst du über deinen Job?:**

◇ Dein Job macht dich nicht glücklich und du fühlst dich nicht erfüllt.
◇ Dein Job raubt dir Energien.
◇ Du bringst nach der Arbeit negative Energien mit nach Hause.
◇ Dein Arbeitsumfeld ist toxisch oder schwer zu ertragen.
◇ Dein Job ist zu bequem.
◇ Du sagst dir selbst: »Es ist nur ein Job.«
◇ Du kannst deine täglichen Arbeitsaufgaben im Schlaf machen, lernst nichts Neues mehr und wächst nicht daran.
◇ Es fällt dir schwer, morgens aus dem Bett zu kommen, weil du keine Lust hast, zur Arbeit zu gehen.
◇ Du machst viele Fehler in deiner Arbeit.
◇ Du fühlst dich sehr gestresst.
◇ Du hast die Schnauze voll von den täglichen Arbeitszeiten und davon, nur fürs Wochenende zu leben.
◇ Du träumst während deiner Arbeitszeit von anderen Dingen und Leidenschaften.
◇ Du fühlst dich in deiner Freiheit eingeschränkt.
◇ Du hast das Gefühl, dein Leben zieht an dir vorbei.

Wenn du mehrmals innerlich Ja gesagt hast, während du diese Liste gelesen hast, dann herzlichen Glückwunsch! Das kann nun zwei Dinge bedeuten:

1. Du brauchst einen neuen Job, der besser zu dir und deiner Berufung passt.
2. Es ist endlich Zeit, dich selbstständig zu machen.

Ich bin mir sicher, dass du mittlerweile schon ganz gut weißt, welche von beiden Optionen sich für dich besser anfühlt. Es gibt dabei kein Falsch oder Richtig, nur was für dich am besten passt. Aber auch wenn die Sache ganz klar ist, würde ich dir grundsätzlich nicht dazu raten, direkt zu springen und deinen Job zu kündigen. Egal wie unglücklich du damit bist. Es ist wichtig, einen Plan und eine Strategie zu haben, denn wenn du im Geldmangel-Mindset bist, ist es sehr schwer, Fülle anzuziehen, im Flow zu sein und Großes zu kreieren. Wir müssen sicherstellen, dass unsere Grundbedürfnisse finanziell abgedeckt sind, sonst sind wir zurück im Kampf-oder-Flucht-Modus und dabei können unser Kopf und unsere Seele nicht so gut funktionieren. Doch wenn du zu lange wartest, haben dich womöglich deine Angst und dein Komfortzonen-Denken im Griff.

---

**MEIN TIPP FÜR KÜNDIGUNGSWILLIGE**

Wenn du denkst, dass eine Kündigung für dich die beste Wahl ist, setz dir dafür ein Datum.
Tu das, auch wenn dir das momentan noch völlig unrealistisch erscheinen mag, und unabhängig davon, wie deine finanziellen Umstände momentan aussehen.
Du brauchst ein Ziel, auch wenn es zwei oder drei Jahre in der Zukunft liegt. Das ist okay. Manche Situationen benötigen so lange, bis es Zeit ist für den großen Sprung.

---

# DEIN EIGENES BUSINESS STARTEN

Ich war die längste Zeit meines Lebens überzeugt, dass Unternehmer und Businessleute nur geldgierige Kapitalisten sind. Mittlerweile weiß ich, dass ein Business eine wunderbare Art und Weise ist, mein Licht in die Welt zu bringen, für andere Menschen einen Beitrag zu leisten und das Bewusstsein auf diesem Planeten ein wenig anzuheben.

Business ist für mich heute nicht mehr böse, sondern fast schon »heilig«, denn für mich steht nicht das Geld im Vordergrund, sondern das Geben. Ein kleiner Perspektivwechsel, der viel bei mir bewirkt hat. Ich sag ja, Mindset und so. Denn deine Arbeit und dein Business spiegeln immer auch dein Wachstum und deine innere Arbeit wider. Mir geht es immer darum, ein ethisches Business zu kreieren, das auf meinen Werten im Leben basiert und der Welt Gutes tun will. Daher ist Marketing für mich nicht Manipulation, sondern eine Art, meine Ideen weiterzugeben und diejenigen zu erreichen, die diese Ideen brauchen, um ihre eigenen Probleme zu lösen. Und Geldaustausch ist am Ende nur ein Austausch an Energie. Als Käufer und Verkäufer geben wir uns gegenseitig Energie und wir dienen uns gegenseitig.

*Entgegen der weit verbreiteten Meinung sind Business und Geld zwei der besten Möglichkeiten, die wir haben, um die Welt zu verbessern.*

Wenn du also mit dem Gedanken spielst oder bereits fest entschlossen bist, dich selbstständig zu machen, dann bist du bei mir an der richtigen Adresse! Ich halte das für die beste Option, um deine Bestimmung auszuleben und wirklich deinen Weg in ein erfülltes Leben zu gehen. Dein Ziel sollte es sein, das Leben anderer Menschen zu verändern, und dabei ist es am wichtigsten, wie leidenschaftlich du deine persönliche Wahrheit nutzt, um anderen Menschen zu helfen und einen Beitrag zu leisten.

## IDEENFINDUNG

Ganz am Anfang steht natürlich deine Businessidee. Vielleicht weißt du genau, was du machen willst, weil du schon seit einer halben Ewigkeit davon träumst. Vielleicht ist deine Idee aber auch schwammig oder noch gar nicht geboren. Dann ist es wie immer das Wichtigste, schnell ins Tun zu kommen. Denn die perfekte Businessidee gibt es nicht und sie wird dir schon gar nicht beim Überlegen in den Schoss fallen. Das habe ich auch schon alles probiert, aber irgendwie hat es nie hingehauen. Was hingehauen hat, war: Loslegen und einen Schritt nach dem anderen machen. Auf einmal kamen die Antworten und immer mehr Klarheit.

Solltest du also nach Tagen und Wochen des Suchens nach der perfekten Businessidee oder dem -konzept immer noch nicht fündig geworden sein, dann darfst du dir durchaus erlauben, einfach eine Idee zu nehmen, die »okay« ist. Denn es geht ja nicht um die eigentliche Idee oder das Konzept, sondern um deine Berufung und

> *Das Schlimmste ist zu denken, dass du ohne eine perfekte Strategie und ein ausgefeiltes Konzept nicht anfangen kannst.*

Bestimmung. Das Business ist nur die Form und der visuelle oder haptische Ausdruck deiner Energie und Message an die Welt.

Das Beste ist immer, du entwickelst dein Angebot im Feedback-Loop mit deinen potenziellen Kundinnen. Und wenn du feststeckst bei der Businessideenfindung, dann wähle eine und fang an. Werde zur Aktivistin 5.0!

Ob Dienstleistungen oder Produkte: Mit deiner Berufung kannst du der Welt und anderen Menschen viele verschiedene Angebote machen, zum Beispiel durch:

Coaching – digitale Produkte wie Blogs, Onlinekurse oder E-Books – Workshops, Retreats und Events – Kunst oder kreative Projekte – Vorträge – Artikel oder Bücher – dein eigenes Sozialunternehmen oder eine NGO – ein Geschäft: ein Café, Restaurant, eine Bar, einen Co-Working Space, ein Hotel oder Gästehaus …

## EIN GUTER PLAN

Ohne Plan kein Business. Ich bin kein Fan von zwanzigseitigen Businessplänen, aber ein wenig schadet es nicht zu wissen, wo man hinwill. Gehe bei deiner Planung rückwärts vor: Stell dir vor, du hast schon ein megaerfolgreiches Business am Start – wenn du jetzt Schritt für Schritt rückwärts gehst – was musst du alles tun, um genau dorthin zu kommen?

Außerdem ist das große Geheimnis eines guten Plans: Simpel gewinnt immer. Es geht nicht darum, sofort mit der großen Vision zu starten – die nimmt womöglich viel Geld und Potenzial in Anspruch und ist viel zu oft ein Grund, dass Gründer nicht starten oder nicht weiterkommen.

Ich bin deshalb ein Fan davon, im Alleingang klein und simpel zu starten, viel zu experimentieren und immer wieder zu justieren und anzupassen. So wirst du herausfinden, ob die Idee nachhaltig funktioniert.

Sehr hilfreich sind für den Anfang die folgenden Fragen. Über die eine oder andere wirst du vielleicht länger nachdenken müssen, aber bring erst mal alles als eine Art Mindmap zu Papier.

## Die wichtigsten Planungsfragen

1. **Welchen Wert bietest du?** Wie veränderst du mit deinem Business das Leben anderer Menschen? Wenn es das nicht tut, ist es kein Business, sondern ein Hobby.
2. **Was ist dein WARUM?** Du brauchst eine Mission, etwas, das die Existenzberechtigung deines Business erklärt. Am besten so, dass es auch eine Fünfjährige versteht.
3. **Was ist deine ideale Kundin/Followerin?** Selbst wenn du noch keine Klarheit hast, welches Problem du löst und welchen Mehrwert du lieferst, ist es mega wichtig zu wissen, wen du eigentlich erreichen und ansprechen willst.
4. **Wie kannst du simpel und einfach starten?** Was ist die einfachste Möglichkeit, um deine Idee zu testen? Zum Beispiel mithilfe von Freundinnen oder Bekannten als erste Testkundinnen.
5. **Wie sehen deine Ziele für die nächsten drei, sechs und zwölf Monate aus?** Zum Beispiel: Wie soll dein Umsatz aussehen? Wie viele Follower/Kunden willst du haben?
6. **Wann wirst du dein Business launchen und der Welt präsentieren?** Setz dir ein Datum.
7. **Wann willst du komplett von deinem Berufungsbusiness leben können?** Setz dir ein Datum.
8. **Wie viel Geld brauchst du**, um zu »springen« beziehungsweise zu kündigen? Wie viel Geld wirst du jeden Monat sparen?
9. **Wer könnte in dein Business investieren?** Wie kannst du heute schon jemanden finden, der dir für dein Vorhaben Geld in die Hand geben würde?

## FINANZIELLE ABSICHERUNG

Je nachdem, was für ein Business du starten möchtest, brauchst du ein wenig Kapital. Ich bin kein Fan davon, Kredite aufzunehmen oder nach Investorinnen zu suchen. Denn gerade am Anfang ist es oft einer der größten Fehler, viel Geld und Zeit in eine Businessidee zu stecken, ohne sie vorher validiert zu haben und zu schauen, ob Leute überhaupt das brauchen, was du anbietest UND ob sie bereit sind, dafür Geld zu bezahlen.

Wenn du viel Geld brauchst, um deine Vision umzusetzen, ist das nicht die richtige Strategie. Finde stattdessen heraus, wie du das Ganze einfacher, günstiger und weniger komplex machen könntest. Denn vergiss nicht, wenn du eine Entscheidung triffst, dich immer zu fragen: Mache ich das im Namen von mir oder meiner Vision? Bin ich in der Energie des Gebens oder des Nehmens und Wollens?

*Wenn du liebst, was du tust, und mit deiner Mission verbunden bist, kommt auch der finanzielle Erfolg ganz von allein.*

Nachfolgend die wichtigsten Tipps, die ich dir in Sachen Finanzen für den Weg in dein neues Business mitgeben will:

## DEIN BERUFUNGS-ANLAGEFONDS

**Spare genügend Geld an, um mindestens ein Jahr ohne Einkommen leben zu können.**

Du wirst wahrscheinlich schon früher mit deinem Business Geld verdienen, aber ein Jahr ist ein guter Zeitraum, um erst mal entspannt bleiben zu können und sich nicht so viele Gedanken um Geld machen zu müssen. Diese Option ist besonders für Leute geeignet, die ganz gut verdienen und somit monatlich einen netten Betrag auf die Seite legen können.

**Schraube deine Lebenshaltungskosten herunter**
Es geht einfacher und schneller, 2000 Euro im Monat zu verdienen als 4000. Und du wirst schneller an dein Ziel kommen, wenn du 500 Euro im Monat sparen kannst statt nur 100.

**Starte dein Business als Nebenbeschäftigung**
Das ist meine bevorzugte Strategie, unabhängig davon, was du machst oder wie viel du verdienst. Allerdings musst du dir dafür Zeit freischaufeln: jeden Tag und/oder jedes Wochenende. Selbst wenn es nur eine halbe Stunde am Abend oder vier Stunden am Wochenende sind, die du dafür nutzt, an deinem Berufungsbusiness zu arbeiten und Neues zu lernen: Stetigkeit ist superwichtig. Je mehr Zeit du täglich dafür aufbringen kannst, desto schneller wirst du mit deinem Business Geld verdienen und deinen Job kündigen können. Im besten Fall wartest du mit einer Kündigung so lange, bis dein neues Business mindestens die Hälfte deines aktuellen Einkommens ersetzen kann.

**Mach dir einen finanziellen Notfallplan**
Mach dir eine Liste mit zehn Ideen, wie du theoretisch morgen an Geld kommen könntest. Recherchiere online und offline, welche Möglichkeiten du hast, um deine vorhandenen Fähigkeiten zu monetarisieren. Du könntest zum Beispiel als virtuelle Assistentin arbeiten, die Buchhaltung für andere Einzelunternehmerinnen machen, Onlineportale wie Fiverrr oder Twago nutzen, Sachen bei eBay-Kleinanzeigen verkaufen oder dort Dinge, die du brauchst, günstig oder gratis ergattern. Ziehe auch neue, ungewöhnliche Wege in Betracht.

## EIN BUSINESSKURS IN SECHS SCHRITTEN

Ich persönlich habe vor allem im Online-Business Erfahrung, aber im Grunde ist ja so gut wie jedes Business heutzutage auch online, daher funktioniert meine Strategie auch für andere Businessideen. Mein Ansatz setzt die Community-Building an die erste Stelle, also musst du ohnehin online sein. Andere setzen eher auf bezahlte Werbung oder Kaltakquise. Und ich kenne auch viele Freelancer und Anbieter von Dienstleistungen, die rein über Mund-zu-Mund-Propaganda via Freunde und Bekannte erfolgreich wurden. Es gibt viele Möglichkeiten, wie du ein Business aufziehen kannst.

Und die beste Nachricht ist: Für den Start eines Online-Business brauchst du so gut wie gar kein Geld. Ich kenne Leute, die ihre Life-Coaching-Programme nur via Instagram und komplett ohne Webseite erfolgreich verkauft haben.

**Schritt 1: Wähle eine Plattform.**
Wie kannst du effektiv mit deiner Zielgruppe kommunizieren? Welches Medium liegt dir am meisten? Schreiben oder Video? Ich würde dir empfehlen, mit zwei Plattformen zu starten: entweder Blog oder YouTube und Instagram/LinkedIn/Facebook

**Schritt 2: Kreiere guten und hilfreichen Content.**
Seien es Videos auf YouTube, Artikel auf deinem Blog oder Inhalte auf Social-Media-Kanälen – gib alles, was du hast, und halte nichts zurück. So baust du Vertrauen und Expertise auf.

**Schritt 3: Gib massiven Mehrwert.**
Und ja, das bedeutet gratis und ohne etwas zurückzuerwarten.

**Schritt 4: Baue deine Followerschaft auf.**
Konzentriere dich auf tausend wahre Fans (eine Theorie nach Kevin Kelly). Strebe Tiefe und Authentizität in der Verbindung zu ihnen an, nicht nur große Zahlen.

**Schritt 5: Hole deine Leute auf deine Website und lass sie sich für deinen Newsletter anmelden.**
Behandle deinen Newsletter wie eine echte Brieffreundschaft und baue Intimität auf.

**Schritt 6: Biete einen Service oder ein Produkt gegen Bezahlung an.**
Recherchiere deine Zielgruppe und Follower: Was wollen sie? (Nicht: Was will ich anbieten?) – und dann gib es ihnen.

## DIE ANGST VORM SCHEITERN

Wenn Menschen nicht erfolgreich sind mit ihrer Idee und nicht davon leben können, steckt meist einer der folgenden Gründe dahinter:

◇ Sie kreieren keinen wirklichen Mehrwert für andere.
◇ Sie wollen eigentlich gar kein Business führen.
◇ Sie wollen sich selbst und ihr Angebot nicht vermarkten.
◇ Sie lernen nicht die nötigen Skills.
◇ Ihr Geld- und Erfolgs-Mindset hält sie fest.
◇ Sie haben keine Klarheit.
◇ Sie kommen nicht genug ins Tun.

Wenn du diese Fallstricke kennst, sind die Voraussetzungen für deinen Erfolg schon mal super. Ansonsten zählt nur eins: Gib dich dem Prozess hin und erinnere dich, dass alles ein Experiment ist. Es gibt kein Scheitern, auch wenn was danebengeht oder nicht funktioniert – du wirst daraus eine Menge lernen. Scheitern ist Unterrichtsgebühr für zukünftigen Erfolg.

Wenn es passieren sollte, dann sag dir: »Herzlichen Glückwunsch, du bist gescheitert!« Und dann finde einen Grund, warum das aufregende Nachrichten für dich sind.

## ZU WENIG ZEIT?

Besonders wenn du einen festen Job und/oder Familie und Kinder hast, kann es eine Herausforderung sein, genügend Zeit für neue Projekte zu finden. Aber um das mal in Relation zu setzen: Wir alle haben 24 Stunden. Kein Mensch hat mehr oder weniger. Elon Musk und Tony Robbins und Oprah und Beyoncé haben auch alle 24 Stunden. Ich kenne Leute mit drei Kindern und Vollzeitjob, die sich nebenher alleine ein erfolgreiches Business aufgebaut haben. Und ich kenne andere, mit derselben Ausgangssituation, die es nicht schaffen und ständig über »zu wenig Zeit« klagen.

Als ich mich damals mitten in meinem Vollzeitjob entschlossen habe, mich selbstständig zu machen, habe ich jede freie Minute genutzt, um an meinem Ziel zu arbeiten. Ich bin morgens früher aufgestanden, ich habe die Mittagspausen und die Wochenenden genutzt. Während alle am Freitagabend ausgingen, war ich zu Hause und habe Gas gegeben. Temporär musste ich damit definitiv Abstriche machen, ich habe meine Freunde weniger gesehen und weniger Zeit mit meiner damaligen Partnerin verbracht – aber ich wusste, dass es wichtig ist.

> *Ich sag immer gern – wenn jemand Zeit hat, auf Instagram herumzuscrollen, dann hat er auch Zeit zu meditieren und ein Business aufzubauen.*

Nur meine Morgenroutine und meine täglichen Rituale habe ich niemals zurückgestellt, denn durch sie habe ich erst richtig Energie bekommen, um voll aufs Ganze zu gehen. Zudem haben mich Meditation, tägliche Bewegung und gesunde Ernährung davor bewahrt, in den Burn-out abzudriften.

Jede Minute, die du damit verbringst, deinen neuen gesunden Gewohnheiten nachzugehen und deiner Berufung zu folgen, ist eine Investition in dein neues Leben. Eine Investition kommt zu dir zurück und ist nie verloren. Für dieses Investment gebe ich dir die folgenden Ratschläge mit auf den Weg:

**Mach eine Inventur deiner Zeit.**
Finde heraus, was du wirklich mit deiner Zeit anstellst. Schau dir deine Tage an. Auch wenn du grundsätzlich sehr beschäftigt bist – wie verbringst du deine freien Momente und Stunden? Wie viel Zeit verschwendest du? Mit Social Media, Binge-Watching oder unwichtigen Nachrichten? Deine Nutzungsstatistik auf deinem Smartphone gib dir darüber wunderbar Auskunft. Wie oft gehst du am Wochenende in Bars oder Klubs? Sei ehrlich zu dir selbst und finde heraus, wo du Zeitfenster nutzen kannst.

**Steh früher auf.**
Wenn du abends nach der Arbeit nach Hause kommst und all deine Energie deinem Job gegeben hast, ist es nicht verwunderlich, dass nicht mehr viel Energie für anderes vorhanden ist. Daher geh eine Stunde früher ins Bett und stehe eine Stunde früher auf. Nutze deine beste Energie am Morgen, um an deinen neuen Projekten zu arbeiten, und nimm dir die Zeit für eine Morgenroutine und einen fokussierten Start in den Tag.

**Lerne NEIN zu sagen.**
Das ist eine der wichtigsten Fähigkeiten auf deinem Weg. Es ist am Anfang nicht leicht, anderen Leuten abzusagen und Anfragen und Einladungen mit einem Nein zu beantworten, aber du musst klare Prioritäten setzen und diese kommunizieren. Die Angst, etwas zu verpassen, ist eine totale Illusion, und es ist hin und wieder auch okay, Menschen in unserem Leben zu enttäuschen – denn was könnte wichtiger sein, als deinem Leben mehr Bedeutung zu geben und deiner Seele zu folgen? Vergiss nicht: Wenn etwas kein Hell Yeah ist oder dich von deinem Weg in ein erfülltes Leben abbringt – dann ist es ein Nein.

**Erhöhe deine Energiefrequenz.**
Mit mehr Energie können wir viel mehr tun und bewegen. Ich habe über die Jahre so viel gewuppt und erreicht, weil ich viel

Wert auf alles gelegt habe, das meine Frequenz erhöht: gesundes Essen, Bewegung etc. Im Grunde ist das auch ein »Hack«: Wenn du nicht mehr Zeit schaffen kannst, schaffe mehr Energie. Siehe dazu auch das Kapitel zum Energiemanagement ganz am Anfang dieses Buches.

**Nutze immer mal wieder deine freien Tage.**
Zu einem guten Energiemanagement gehören natürlich auch Erholung und Pausen, aber vielleicht kannst du dennoch den einen oder anderen freien Tag für dein Projekt nutzen. Wenn Arbeit wie Spielen ist, sollte dir das leicht(er) fallen.

**Achtung: Burn-out!**
Check immer mal den Energiestatus deines Körpers. Ich will definitiv nicht kommunizieren, dass du dich zu Tode arbeiten sollst oder ausbrennst. Aber ich glaube daran, dass wir auf einmal viel mehr Energie haben, wenn wir an etwas arbeiten, das uns viel bedeutet und uns Spaß macht. Unsere Batterien leeren sich dann nicht so schnell. Im Gegenteil, es wird uns eher Energie bringen.

**Lege Zeiten in deinem Kalender fest.**
Was bei mir nicht im Kalender oder in meinem Bullet Journal steht, fällt schlussendlich hinten runter. Doch einmal drin, bekommt es Verbindlichkeit und gerät nicht aus dem Blick. Plane dir für die Arbeit an deinen Projekten fixe Zeiten ein, und das auch für Sport und Meditation.

**Werde produktiver.**
Weniger Prokrastination, mehr Ergebnisse: Lerne, dich nicht so schnell von außen ablenken zu lassen. Mach dein Mailprogramm zu und dein Handy aus, während du arbeitest.
Fokussiere dich auf ein bis drei Dinge pro Tag, die du machen oder erreichen möchtest.

Schlussendlich bin ich überzeugt, dass du die nötige Zeit finden kannst, wenn du nur entschlossen genug bist. Wie sagt man so schön: Du findest entweder einen Weg oder eine Ausrede.

Je mehr du dich mit deinem großen WARUM, deiner Vision und deiner Mission verbindest, desto einfacher wird es sein, Zeit und Energie zu finden an deinem Berufungsbusiness zu arbeiten und an deinem Traum, der Welt und anderen Menschen zu dienen.

# WIE DU DICH NEU ERFINDEST

Es sind oft nicht die großen Dinge, die unser Leben nachhaltig verändern. Es sind die kleinen Dinge, die wir jeden Tag tun.

# MAGIC MODUS OPERANDI: DEIN ÄNDERN LEBEN

Wir leben unsere Tage in 24-Stunden-Einheiten. Wie du diese Einheiten nutzt, entscheidet über deinen »Erfolg« im Leben. Um wirklich durchzustarten und deine Magic auszuleben musst du anfangen, deine Tage so zu planen und zu leben, dass sie deiner Vision entsprechen. Abgesehen von deiner inneren Arbeit, der ein oder anderen großen Entscheidung, die du vielleicht treffen musst, und dem aktiven Tun, liegt die Lösung in der Veränderung unserer Muster und täglichen Gewohnheiten – sowohl im Denken wie im Tun. Die größte Herausforderung und Arbeit ist es, die Muster zu erkennen, die uns blockieren, und sie durch neue zu ersetzen. Denn meist stecken wir in einem immer gleichen Teufelskreis immer gleicher Entscheidungen fest. Ein großer Teil dieser Entscheidungen sind die, die du jeden Tag triffst: deine täglichen Routinen und Rituale. Diese basierend auf deiner Wahrheit für dein neues Leben zu optimieren, ist die wirkliche Arbeit. Wenn wir den Mut haben, neue Entscheidungen zu treffen, verändern wir nicht nur unsere Muster, sondern auch unsere Story. Und dann bestimmt unsere Vergangenheit nicht mehr unsere Zukunft.

Denn es geht im Grunde gar nicht darum, große Dinge zu bewegen. Es geht um die kleinen Dinge, die du jeden Tag machst. Diese kleinen Dinge bringen dich an deine großen Ziele. Daher sind Gewohnheiten so wichtig. Als ich angefangen habe, mit vollem Herzen meinen Weg zu gehen, wurden bewusste und ge-

> *Mit deinen täglichen Gewohnheiten formst du dein zukünftiges Selbst.*

sunde Routinen ganz von alleine Teil meines Lebens – um meine Energie zu managen, um stabiler zu sein für herausfordernde Zeiten in der Zukunft und um Tools zu haben, mit denen ich Krisen besser bewältigen kann.

*Wichtig ist, dass du nicht versuchst, das Ende der Straße zu finden, wenn du noch nicht mal den ersten Schritt gemacht hast.*

Mein neues persönliches »Betriebssystem« für mein Leben 5.0 ist eine Ansammlung aus einer aktualisierten Mindset-Programmierung, einem philosophischen Guide, basierend auf Buddhismus, Yoga, Taoismus und Stoizismus plus eine Palette an gesunden und bewussten Gewohnheiten, Praktiken und Tools für meinen Alltag.

## VIELE KLEINE SCHRITTE

Unsere konditionierte Sucht nach schnellen Ergebnissen (wir wollen schnell fit werden, schnell Gewicht verlieren, schnell glücklich werden, schnell Geld verdienen …) steht uns oft im Weg zu einem wirklich bedeutsamen Leben. Wenige haben die Ausdauer, langfristig dabei zu bleiben und sich auf die kleinen Schritte in ihrem täglichen Leben zu fokussieren. Aber das ist es, worauf es ankommt. Babyschritte ist alles, was zählt. Einer nach dem anderen. Oft suchen wir nach »Hacks«, nach der ultimativen Strategie und einfachen Antworten – doch es gibt keine magische Abkürzung! Wir müssen erst krabbeln lernen, bevor wir laufen können, und laufen, bevor wir rennen können. Und das Coole ist – je mehr dieser kleinen Schritte du machst und je mehr Geduld du mit dir und dem Leben hast, desto schneller erreichst du einen Punkt, an dem unerwartete Quantensprünge passieren können.

Allerdings kommen einige nie an den Punkt, weil sie schon vorher aufgeben. Die tägliche Arbeit und das Ändern von fest verwurzelten Gewohnheiten ist nicht so sexy, wie es die »großen« Dinge sind. Aber du hast die Macht, jeden Tag für dich neu zu kreieren. Das ist eine immense Freiheit, aber auch eine große Verantwortung, die Einsatz verlangt. Wir können es nicht faken und nur mit einer halben Arschbacke machen.

Während du dieses Buch liest und deinem Gespür nachgehst, dass da noch mehr ist im Leben als das, was du bisher erfahren durftest, und du deinem Verlangen folgst, noch tiefer in dich und das Leben einsteigen willst – befindest du dich in einer Phase des Aufwachens, des Aufwachens aus dem tiefen Schlaf deiner Konditionierung und Programmierung.

- Denn jetzt weißt du, dass du nicht deine Ängste und limitierende Glaubenssätze bist.
- Du weißt, dass du zu jedem Zeitpunkt wertvoll und liebenswert bist, egal, was andere über dich denken.
- Du weißt, dass du dein Leben in der Hand hast und für alles verantwortlich bist.

Du bist auf einer Reise der Heilung und der neuen Erkenntnisse. Und je länger du auf diesem Weg unterwegs bist, desto mehr wirst du dich verändern, dein Leben wird sich verändern. Das ist oft nicht einfach und kann Angst machen – aber du entwickelst dich gerade von der Raupe zum Schmetterling.

## LEBENSVERÄNDERNDE GEWOHNHEITEN

Du und dein Leben sind im Grunde die Essenz und das Resultat deiner täglichen Gewohnheiten und deiner Denkweisen (was ja auch nichts anderes als Gewohnheiten sind). Daher lege ich meine Hand ins Feuer dafür, dass, wenn du alte Gewohnheiten loslässt und neue gute Gewohnheiten aufnimmst, du eine große Veränderung in deinem Leben erfahren wirst.

Bei mir begann diese Veränderung mit der Frage, was kreative und erfolgreiche Menschen so kreativ und erfolgreich macht. Was haben sie gemeinsam, das sie von anderen unterscheidet? Abgesehen von ihrem Mindset, sind es zu einem sehr großen Teil die Dinge, die sie jeden Tag machen: ihre täglichen Routinen.

Benjamin Franklin ist jeden Tag um 5 Uhr morgens aufgestanden, hat seinen Tag geplant, gelesen und hat abends immer seinen Tag schriftlich Revue passieren lassen.

Der Autor Haruki Murakami steht um 4 Uhr morgens auf, schreibt für fünf bis sechs Stunden, geht dann joggen oder schwimmen, dann liest er und hört Musik, bis er um 21 Uhr schlafen geht.

Ich halte mich, während ich dieses Buch schreibe, noch strikter an meine täglichen Routinen, besonders meine Morgenroutine. Ich könnte sonst nie den Output erreichen, den ich haben möchte, und meine Deadline nicht einhalten. Es würde mir wohl auch nur halb so viel Spaß machen. Und darüber hinaus ist es mir wichtig, mit guten und leichten Energien dieses Buch zu schreiben, denn die sollen auch bei dir ankommen.

*Routinen schaffen Struktur und geben uns die Freiheit, unser volles Potenzial auszuleben.*

Dabei habe auch ich mich lange gegen tägliche Routinen gewehrt, weil ich dachte, dass sie mich meiner Freiheit und Spontaneität berauben. Aber im Gegenteil: Sie haben nur positive Effekte auf mich und mein Leben – und ich fühle mich freier und fitter als je zuvor.

Wir wissen meist sehr genau, was für uns gesund und wichtig ist, tun es aber trotzdem nicht und können unseren inneren Schweinehund nicht überwinden. Unser Wille ist stark, aber unser Geist ist schwach. Kennst du das? Das Problem ist unsere Konditionierung mit »gesunden« Gewohnheiten und Disziplin im Allgemeinen. Für viele ist der Gedanke an neue und gesunde Gewohnheiten nicht sehr sexy und aufregend. Zum einen, weil sie denken, dass solche Gewohnheiten nicht wirklich Spaß machen, und zum anderen, weil sie in der Vergangenheit oft daran gescheitert sind, sie langfristig und nachhaltig zu etablieren. Und wenn wir mit einer guten und einer schlechten Entscheidung konfrontiert sind (zum Beispiel einen gesunden Salat essen oder doch lieber Pommes?), fühlt sich die vernünftigere Option nicht so richtig gut an, weil sich unser Suchtkobold einfach lieber ungesund ernährt. Es tut ein wenig weh, den Salat zu bestellen, wenn wir eigentlich gern Pommes hätten. Ich esse mittlerweile tausendmal lieber gesundes Essen als Fast Food und verarbeitetes Essen, und es fällt mir überhaupt nicht mehr schwer, mich für Ersteres zu entscheiden. Ich weiß, dass ich mehr Energie habe nach einer gesunden Mahlzeit und dass mir verarbeitetes Essen Energie raubt. Mir ist meine Energie wichtiger als der temporäre gute Geschmack im Mund, den verarbeitetes und zuckriges Essen hat. Mir ist es wichtiger, Essen zu mir zu nehmen, das wirklich lebendig ist und nicht schon halb tot und zerkocht und mit wenig Nährwert für viel Kalorien.

Aber wie kommt es, dass es mir und vielen anderen Menschen leichtfällt, sich gesund zu ernähren, zu meditieren, Sport zu treiben etc.? Wir haben kein besonderes Gen. Wir haben lediglich einen anderen Blick auf Gewohnheiten und Disziplin. Für die meisten Leute hat das Wort Disziplin jedoch einen beschädigten Ruf (aus der Schule?).

*Wenn du eine Gewohnheit als eine Herausforderung nimmst, die Spaß macht, verändert das auch dein Mindset rund um die neue Gewohnheit.*

Wenn sie an Disziplin denken, stellen sie sich die Frage: Wie kann ich mich dazu bringen, etwas zu tun, das ich eigentlich nicht tun will? Und darin liegt schon das Dilemma. Denn Disziplin ist ein Muskel, den wir trainieren können. Und das ist eine ziemlich coole Sache!

Ich könnte ewig über das Thema Gewohnheiten sprechen, denn ohne sie wäre ich nie da, wo ich heute bin. Durch sie habe ich mehr Energie, bin kreativer, produktiver, geerdeter, mehr in Frieden, selbstbewusster und rundum erfüllter und glücklicher. Bis zum heutigen Tag experimentiere ich mit meinen täglichen Routinen, sie verändern sich hier und da immer mal wieder, aber die Essenz bleibt immer erhalten. Das sind meine Eckpfeiler und vieles davon ist Teil meiner Morgenroutine:

## MEINE WICHTIGSTEN ROUTINEN

- Meditation und Achtsamkeitspraktiken
- Bewegung und Sport
- gesunde vegane Ernährung
- kreatives Schaffen
- Zeit draußen verbringen (am besten in der Natur)
- Lernen
- Spielen
- Zeit alleine
- Zeit mit anderen und/oder Familie/Partner
- Bullet Journal am Abend

## DISZIPLINMUSKELTRAINING

Um dieses Muskeltraining anzugehen, musst du dich zunächst mal von der Erwartung direkter Belohnung freimachen und eine verzögerte Befriedigung in Kauf nehmen. Einmal joggen gehen wird noch nicht viel bewirken, aber jeden Tag für mehrere Wochen – dann spürst du langsam die Effekte. Einmal meditieren ist nichts, aber wenn du es mal für einen Monat machst, merkst du, wie es dein ganzes Leben verändern kann.

Bei der Neuausrichtung deiner Perspektive hilft es dir, dich von Leuten inspirieren zu lassen, die total gern das machen, was dir so schwerfällt. Folge auf Social Media Leuten, die dir das vorleben, was du erreichen möchtest. Konzentrier dich nicht so sehr auf das Ziel, sondern darauf, dich in den Prozess zu verlieben. Außerdem empfehle ich dir viele Dinge, die du schon im Zusammenhang mit dem Thema »deine Berufung finden« kennengelernt hast.

**Find heraus, was dein WARUM ist.**
Ein entscheidender Grund, weshalb viele an neuen Gewohnheiten und dem Loslassen von alten scheitern, ist, dass sie kein klares Warum haben, keine höhere Motivation. Doch genau das ist es, was uns durch die schwierigen Tage bringt.

**Schreib die Gewohnheit(en) auf und geh in dich.**
Dokumentiere dein großes Warum (deiner Motivation), möglichen Herausforderungen auf dem Weg und Strategien, wie du diese überwinden kannst. Sei ehrlich zu dir selbst, was dich daran hindern könnte, die neue Gewohnheiten wirklich langfristig in dein Leben zu integrieren.

**Mach eine 30-Tage-Challenge.**
Man sagt, dass es etwa 21 bis 30 Tage dauert, bist etwas zu einer Gewohnheit wird. Daher kann ich dir nur raten, dich mit einer 30-Tages-Challenge in eine neue Gewohnheit reinzustürzen. Siehe Anleitung auf Seite 184. Es wird dann trotzdem noch Monate oder vielleicht sogar Jahre dauern, bis etwas so normal wird wie dein tägliches Zähneputzen. Das Ziel ist, an einen Punkt zu kommen, an welchem du dir ein Leben ohne diese Gewohnheit nicht mehr vorstellen kannst. Zum Beispiel fühlt sich für mich ein Tag ohne Meditation oder Bewegung an, als würde etwas fehlen.

Es ist okay, wenn du mal hier und da einen Tag auslässt – aber wenn, dann mit gutem Grund, und nicht nur, weil du keine

Zeit hattest oder dein Wille zu schwach ist. Die erste Woche ist normalerweise recht einfach, weil die Motivation hoch ist. Oft kommt dann ein leichter Einbruch in Woche zwei. Bei Woche drei geht es wieder bergauf und dann wird es immer einfacher. Wenn du durch die erste Krise kommst und trotzdem weitermachst, hast du schon so gut wie gewonnen.

**Wähle nur ein oder zwei neue Gewohnheiten gleichzeitig.**
Wir wollen immer gern mehr schaffen, als wir können, doch wenn es um Gewohnheiten geht, ist weniger auf jeden Fall mehr. Besonders, wenn du noch recht neu bei der ganzen Sache bist und in der Vergangenheit Probleme hattest, dran zu bleiben. Wenn du versuchst, mehrere Änderungen gleichzeitig in dein Leben zu integrieren, wirst du eventuell schneller ausbrennen und aufgeben. Daher fokussier dich auf maximal zwei Gewohnheiten zur selben Zeit, und nach 30 Tagen kannst du ein oder zwei neue hinzufügen.

**Verfolge deine Fortschritte mit Habit Tracking.**
Visuell deinen Fortschritt zu sehen, ist ein sehr effektives Werkzeug, um am Ball zu bleiben. Es ist bekannt als die »Unterbreche nicht die Kette«-Technik. Du wirst sehen, dass das sehr motivierend ist und Spaß macht. Du kannst zum Beispiel einen großen Wandkalender oder ein weißes Blatt Papier nehmen, an die Wand heften und 30 Tage jeden Tag darauf abhaken.

**Führe ein Bullet Journal.**
Ich mache mein Habit Tracking in meinem Bullet Journal, und das macht einen gewaltigen Unterschied. Diese Art »Tagebuch« ist ein gutes Werkzeug, um deine Gedanken und Ziele zu organisieren und zu priorisieren und dich vorwärts zu bewegen. Dazu findest du jede Menge Ressourcen im Internet, aber hier sind ein paar Ideen für dein Bullet Journal:

- ◇ tägliche, wöchentliche und monatliche Ziele beziehungsweise To-dos
- ◇ tägliche Reviews: Was lief gut? Was nicht? Was hab ich gelernt? Für was bist du dankbar?
- ◇ wöchentliche Reviews
- ◇ Gewohnheitstracker.

**Mach es öffentlich.**
Poste deine Vorhaben auf Social Media und teile deine Fortschritte. Ein wenig Druck hat noch niemandem geschadet. Im Gegenteil – er wird dir helfen dranzubleiben.

**Hol dir einen Coach oder Sparringspartner.**
Auch die besten unter uns brauchen ein gutes Support-System. Wenn du es wirklich ernst meinst, such dir einen Life-Coach oder jemanden, der mit dir eine 30-Tage-Challenge macht.

**Setz dir Erinnerungen.**
Gut möglich, dass du deine neue Gewohnheit anfangs schlicht vergisst. Unser Hirn ist ein Gewohnheitstier und muss erst mal neue Synapsen für diese neue Aufgabe erschaffen. Daher kann es helfen, dich selbst per Wecker oder Zettel sie zu erinnern. Nach ein bis zwei Wochen wird es dann schon leichter sein. Wenn du doch »scheitern« solltest… Finde heraus, was falsch lief, passe deine Strategien an und versuche es erneut. Wie sagt man so schön: Hinfallen, Krone richten, wieder aufstehen, weitermachen. Musste ich schon hundert Mal machen.

**Die Zwei-Tage-Regel**
Wenn du deine 30 Tage geschafft hast und gern mit deiner neuen Gewohnheit weitermachen willst, ist es total okay, hier und da einen Tag auszulassen – aber nie zwei hintereinander, denn dann ist es leicht, noch einen dritten auszulassen und einen vierten. Ein Tag: Kein Ding. Zwei Tage: No Way.

## GLÜCKSFORMEL MINIMALISMUS

Als ich damals in mein neues Leben und meine volle Wahrheit durchgestartet bin, habe ich den Minimalismus für mich entdeckt und lieben gelernt. Dieser Lebensansatz hat mein Leben von Grund auf verändert. Es geht um weitaus mehr als nur materielle Dinge – es geht darum, herauszufinden, was wirklich in deinem Leben zählt.

Wir sind darauf konditioniert zu denken, dass Dinge eine gewisse Sicherheit für uns Menschen darstellen. Materialismus sagt uns, je mehr wir besitzen, desto besser wird unser Leben. Und je mehr du tust, desto mehr bist du wert als Mensch. Aber all das ist eine veraltete Geschichte und eine große Illusion. Stell dir all das Geld vor und die Zeit, die Menschen, damit verbringen, ihre Sachen von einem Haus zum nächsten zu transportieren. Es ist verrückt. Dinge werden uns nicht erfüllen und sie werden uns nie ganz machen. Eine Wahrheit, die viele von uns realisieren müssen. Ich habe mich im Jahr 2011 offiziell als Minimalistin geoutet. Aber im Herzen bin ich immer Minimalistin gewesen – ich kannte nur den Begriff nicht. Ich habe damals meinen ganzen Besitz auf 100 Dinge reduziert. Für viele Jahre danach bin ich nur mit Handgepäck durch die Welt gereist. Ich kann all meine Sachen in dreißig Minuten zusammenpacken und mich überall in der Welt bewegen. Für mich ist das die wahre Freiheit.

*Dinge machen uns nicht glücklicher. Mehr beschäftigt zu sein erfüllt uns nicht. Im Gegenteil, es brennt uns aus.*

Wir brauchen so viel weniger, als wir denken. In der Realität brauchen wir sogar sehr wenig. Und Minimalismus hat sehr viel mehr mit unserem Zeit- und Energiemanagement zu tun, als uns auf den ersten Blick bewusst sein mag, denn…

◇ Minimalismus schafft Raum und Zeit für Dinge, Aktivitäten und Erfahrungen, die wirklich zählen.

- Er sorgt für mehr Klarheit in deinen Gedanken und mehr Zeit, weil du weniger Dinge hast, über die du dir Sorgen machen musst.
- Er gibt dir die Chance, deine Produktivität auf großartige Weise zu optimieren
- Dein Zuhause, dein Büro und damit dein Alltag sind leichter zu organisieren (denke nur ans Putzen!)
- Minimalismus schafft weniger Überforderung, Ablenkung, Stress und Durcheinander.

Du kannst das Konzept des Minimalismus in allen Bereichen deines Lebens anwenden: Business, Privatleben, digitales Leben, Finanzen und sogar Sex und Ernährung. Fang einfach an – und tu das wie immer in kleinen Schritten. Lass dich dabei von der Frage leiten, ob es den Wert deines Lebens steigert, wenn du in den einzelnen Bereichen aufräumst und Dinge loslässt. Triff jetzt die Entscheidung und übergebe dein Leben der Einfachheit. Weniger ist mehr. Immer.

---

**MEINE BESTEN MINIMALISMUS-TIPPS**

**1. Räume dein physisches Leben auf.**
Mach eine Liste von dem, was du aufräumen willst. Setze dir ein Aufräumdatum und lege los. Werfe weg, spende, verkaufe, lösche, recycle…
Klammere dich nicht an Nur-für-den-Fall-Dinge und verabschiede dich auch von sentimentalen Gegenständen mit Erinnerungswert. Mach ein Foto und lasse los!

**2. Kaufe und konsumiere weniger.**
Mindestens so wichtig wie Dinge loszuwerden!

---

**3. Gehe achtsam mit deiner Zeit um.**
Verzichte auf Ablenkungen, Aktivitäten und Events, die deine Zeit verschwenden. Zu Lernen, dazu Nein zu sagen, kann die vorteilhafteste Fähigkeit überhaupt sein.

**4. Werde langsamer.**
Verlangsame dein Leben. Werde präsenter. Genieße das Hier und Jetzt und fokussiere einfach auf den Moment.

**5. Vereinfache deine Ziele und To-dos.**
Keep it simple – fokussiere dich auf die wichtigsten drei Dinge, die du am Tag erreichen willst.

→ *Ausführliche Anleitungen und Tipps, einen minimalistischen Lebensstil zu erschaffen und in deinen Alltag zu integrieren, findest du unter www.findyourmagic.de*

Minimalismus ermöglicht dir, die Kontrolle über dein Leben zurückzuerlangen, sodass du dich auf das fokussieren kannst, was WIRKLICH bedeutsam ist. Am Ende hilft dir das, ein Leben zu schaffen, das jeden Tag Sinn und Bedeutung hat. Und ich glaube, das ist der Sinn hinter alledem.

## DEINE HABIT-FLOW-CHECKLISTE

Eine tägliche Flow-Checkliste ist ein Werkzeug für die tägliche Arbeit an deinem bestmöglichen Leben. Es ist ein Aktionsplan, der dir erlaubt, deine täglichen Babyschritte zu einem großen Ganzen zusammenzufügen. Es ist außerdem ein Mittel, um dich richtig gut mit dir und deinem Leben zu fühlen, denn kleine tägliche Gewohnheiten können dir das Gefühl geben, dass du alles im Leben erreichen kannst.

### DAS FUNDAMENT FÜR DEINE TÄGLICHE FLOW-CHECKLISTE

◇ Deine 30-Tage-Challenge
◇ Lege die drei wichtigen To-dos des Tages fest (nicht mehr als drei, um Überforderung zu vermeiden!)
◇ Morgenroutine: der Schlüssel, um deine Stimmung für einen großartigen Tag festzulegen
◇ Abendroutine: Beende den Tag richtig!

Die folgenden Ideen und Inspirationen für gesunde Gewohnheiten könnten Teil deiner Liste sein:

### BAUSATZ FÜR DEINE TÄGLICHE FLOW-CHECKLISTE

Meditation – Dankbarkeit – Affirmation /Bejahung – Journaling – deinen Körper bewegen/trainieren: Yoga, Laufen, Fitnessstudio – intermittierendes Fasten – gesunde Ernährung/Clean Eating – Lernen – Lesen – früh zu Bett gehen – Tanzen – mit Freunden und Familie zusammen sein – Zeit in der Natur verbringen – Geben – Ölziehen – Schreiben – Malen – Spielzeit – das Bett am Morgen machen – Wechselduschen – minimalistisch leben – beruhigender Tee vor dem Zubettgehen – Weihrauch anzünden, um abends herunterzukommen – Orakelkarte ziehen

Die Habit-Flow-Checkliste ist KEINE weitere Aufgaben- oder To-do-Liste, sondern eine »DAS WILL ICH MACHEN«-Liste. Sieh den Listeninhalt deshalb nicht als etwas, das du machen musst, sondern als etwas, das du gerne machst, weil du die positiven Auswirkungen kennst und du dich dadurch fantastisch fühlst. Es wird vielleicht eine Woche oder zwei dauern, bis du im Flow bist, aber sobald du dich eingefunden hast und tief drin bist, kannst du dir das Leben ohne nicht mehr vorstellen.

## Tipps und Empfehlungen für deine Liste

**Pausentage**

Wenn du willst, nimm dir einen Tag in der Woche, der frei ist von irgendwelchen gesunden Routinen. Ich persönlich ziele auf sieben Tage die Woche ab, aber je nach Gewohnheit oder Ritual klappen dann nur fünf oder sechs. Nur wenn du 30-Tage-Challenges machst, gibt es keine regelmäßigen Pausentage. Sonst ist es ja logischerweise keine 30-Tages-Challenge. ;-)

**Halte es simpel.**

Warnung für Ehrgeizige und Typ-A Persönlichkeiten: Halte die Liste überschaubar, damit du es schaffst, dein Vorhaben jeden Tag umzusetzen. Wenn es um tägliche Gewohnheiten geht, zählen eher die kleinen Gewinne, nicht die großen Dinge.

**Arbeite jeden Tag damit.**

Übertrage dir diese Liste in deinen Kalender oder dein Bullet Journal. Genauso gut kannst du aber auch eine Notiz-App wie Evernote oder Trello nutzen.

**#keepgoing**

Es ist okay, zu versagen und hier und da zu scheitern. Es geht nicht darum, perfekt zu sein, also bitte mach dich nicht fertig, wenn du einen Tag verpasst oder mal nur die Hälfte deine

Checkliste schaffst. Werde dir darüber bewusst und komm zurück auf den Pfad.

> **DEINE STREICHLISTE**
>
> Gewohnheiten, von denen du dich eher verabschieden solltest:
> Fernsehen/Netflix gucken – gedankenlos durch Social Media surfen – Bildschirm (Laptop, Smartphone, TV) im Bett vor dem Schlafengehen – Bildschirm und Smartphone in der ersten Stunde nach dem Aufstehen – Zucker – verarbeitetes Essen

Ich setze das meiste von diesen Listen selbst um:
◇ Ich beginne jeden Tag mit RPM – rise, pee, meditate – also aufstehen, pinkeln, meditieren (meistens mit Dr.-Joe-Dispenza-Meditationen).
◇ Dann trinke ich einen frischen Ingwer- oder Zitronentee oder einen veganen Bulletproof-Kaffee oder grünen Tee.
◇ Ich mache regelmäßig Ölkuren mit Kokosnussöl, lese morgens eine halbe Stunde auf meinem Kindle, schreibe, bewege meinen Körper, betreibe intermittierendes Fasten, mache Wechselduschen und widme mich im Rahmen von 30-Tage-Challenges immer wieder neuen Herausforderungen.

Meine täglichen Flow-Rituale sind die Schlüssel zu dem Leben, das ich heute führe. Ohne sie wäre mein Leben nicht annähernd so großartig. Das ist Fakt. Und jede erfolgreiche und erfüllte Person da draußen würde dir dasselbe sagen.

# DEIN NEUES BETRIEBSSYSTEM

Mit deiner Ankunft in Netona Aina aktualisierst du deine innere Software und alle damit verbundenen Apps. Du löschst nach und nach alle Programme und Strukturen, die nicht deinem Naturell und deiner Seele entsprechen. Dein neues Betriebssystem hat nun als Basis eine Programmierung, die deinem individuellen und authentischen Selbst entspricht. Es ermöglicht dir, deine Wahrheit so auszudrücken, wie es deine Seelensignatur vorgesehen hat. Während du weiter durch dein Leben gehst, wird sie sich immer weiter verändern und sich noch mehr deinem wahren Selbst anpassen. Immer mal wieder wirst du kleinere und größere Aktualisierungen erfahren, denn wir entwickeln uns als Menschen immer weiter. Nach all den Jahren des persönlichen Wachstums und der inneren Arbeit erlebe ich selbst immer weiter neue Transformationen in mir. Ich entdecke neue Interessen, neue Schatten, die ans Licht gebracht werden wollen, neues Licht, das ausgelebt werden will, und neue Herausforderungen, die mich zu mehr Wachstum einladen.

Die praktische Manifestation unseres inneren Betriebssystems ist unser Modus Operandi: also das, was wir Tag für Tag tun, welche Gewohnheiten wir pflegen und wie wir unsere Berufung ausleben. Ich habe das kürzlich für mich als Mindmap zu Papier gebracht und festgestellt, dass es eine Art Leitfaden ist. Aber wenn ich den jemand

> *Ich dachte die längste Zeit, dass es ein klar definiertes Ziel gibt, doch inzwischen habe ich gelernt, dass Transformation die Essenz des menschlichen Lebens ist.*

anderem in die Hand drücken würde, hätte er oder sie damit eine Anleitung für das Leben von Conni. Nach vielen Experimenten und dem Ausprobieren von vielen Dingen hat sich so einiges herauskristallisiert. Vieles davon habe ich mit dir in diesem Buch geteilt, aber hier ist die Vollversion:

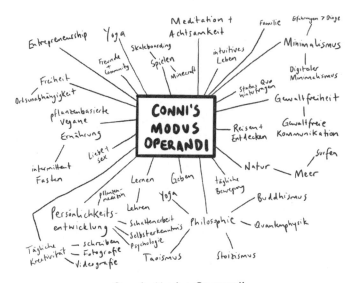

Connis Modus Operandi

Wie du siehst, steckt in meinem Betriebssystem eine gute Mischung aus Philosophie und Gewohnheiten:

◇ Ideen und Richtlinien, an die ich glaube und die mir helfen, mein Leben zu führen
◇ Dinge, die ich regelmäßig tue
◇ Dinge, die mir allgemein wichtig sind
◇ Werte, auf deren Basis ich lebe und Entscheidungen treffe
◇ meine Leidenschaften und Interessen.

Es umfasst all das, was mir erlaubt, ein erfülltes und bedeutungsvolles Leben zu führen – nicht nur ab und an, sondern im besten

Fall jeden Tag. Diese Übersicht gibt mir Klarheit in Momenten, in denen ich mich verloren fühle.

Wie du auch siehst, mach ich mir meine Welt, wie sie mir gefällt. Ich kombiniere mehrere Ideologien und Philosophien wie Buddhismus, Taoismus, Stoizismus und Yoga und nehme das, was für mich gut funktioniert, und was nicht, lass ich sein. Im Grunde resultiert daraus meine eigene persönliche Lebensphilosophie. Ich bin mir absolut sicher, dass sich mein Modus Operandi immer wieder verändern wird, und der Gedanke an sich ist spannend. Nichts ist statisch im Leben. Denn es gibt keine Regel, dass ich mich einer Richtung oder Religion anschließen muss, um die Dinge, die mir gefallen und helfen, zu übernehmen und zu praktizieren.

Ich lade dich ein, während du auf deinem Weg zu dir selbst bist, langsam und Schritt für Schritt deine eigene Mindmap für deinen Modus Operandi zu erstellen. Deine wird anders aussehen. Es gibt dabei kein Richtig oder Falsch, sondern nur, was für dich als Fundament im Leben funktioniert. Je besser du dich kennenlernst, je mehr du ausprobierst, je mehr du dein Innen und Außen erkundest und dich von deiner Neugier leiten lässt, desto schneller findest du Klarheit in deinem Modus Operandi. Mein Leben, meine Sichtweisen, meine Art zu sein sind nur eine Version von endlos vielen möglichen Ausprägungen.

*Ich will auch in Zukunft offen bleiben, mein Mindset und Lebensstrategien zu überdenken und anzupassen.*

Es gibt heutzutage so viele Möglichkeiten, sein Leben zu leben. Lass dich nicht von einem Konzept oder einer Ideologie vereinnahmen, ohne auch viele andere auszuprobieren. Du bist auf dieser Welt, um als ein Mensch von heute sieben Milliarden und über hundert Milliarden in der Geschichte der Menschheit so individuell zu sein wie nur möglich. Glückwunsch, du hast quasi in der Menschheitslotterie gewonnen, also mach dein Leben bedeutungsvoll.

## VERFASSE DEIN PERSÖNLICHES MANIFEST

Warum das? Weil es eine gute »Abschlussübung« ist und eine sehr nützliche Ressource, auf die du auch in den schlimmsten Momenten zurückgreifen kannst. Ein Manifest hilft dir, dich auf dein Leben zu fokussieren, indem es deine Prioritäten betont und das, was dir am wichtigsten ist.

- ◇ Was ist dir am allerwichtigsten?
- ◇ Woran glaubst du?

Du bringst damit deine Antworten, dein Credo und deine Absichten zu Papier, genau wie das Organisationen oder Parteien mit einem Manifest tun. Deine Ziele aufzuschreiben hilft dir, sie zu manifestieren, und inspiriert dich vielleicht, etwas Großes zu vollbringen.

Es gibt keine Regeln, wie du dein Manifest schreiben solltest. Schreib es in der ersten Person, wenn du willst, oder in der zweiten Person. Benutze Präsens- oder Zukunftsform. Schreib in kurzen Sätzen oder kompletten Paragrafen. Vielleicht wird dein Manifest die Form einer Checkliste annehmen, oder vielleicht wird es mehr wie ein Brief, den du an dich selbst oder jemand anderen schreibst. Es gibt kein Richtig oder Falsch, es zu tun. Einfach das, was am natürlichsten zu dir kommt.

**Dein persönliches Manifest kann**
- ◇ die Form einer Rede, einer Liste, eines Videos oder sogar eines Buches haben
- ◇ sehr persönlich sein oder die Einstellung einer großen Gruppe von Menschen repräsentieren
- ◇ dir helfen herauszufinden, welche Dinge du als Teil deines täglichen Lebens behalten und was du loslassen solltest
- ◇ Führung und Leitfaden sein, wenn du nicht sicher bist, in welche Richtung du gehen solltest

◇ dir als Quelle der Motivation dienen und helfen, positive Veränderungen auf den Weg zu bringen
◇ dich herausfordern, die bestmögliche Version deiner selbst zu werden
◇ dir helfen, deine Ideen in die Welt zu bringen und mit anderen zu teilen

Du musst dein Manifest nicht in den nächsten zwei Stunden nach dem Lesen dieser Seiten zu Papier bringen. Du kannst dir so viel Zeit lassen, wie du brauchst – es für eine Weile beiseitelegen und dann zurückkommen, hinzufügen und es definieren – bis du das Gefühl hast, dass es die bestmögliche Verwirklichung deiner Werte, Ideen und Ziele ist.

*Dein Manifest kann alles aufgreifen, für das du stark empfindest, solange es eine unerschrockene Erklärung deiner Intentionen ist.*

## KLEINE SCHREIBHILFE FÜR MANIFESTE

**Schritt 1: Lass dich von anderen Manifesten inspirieren.**
Zum Beispiel mein *The Vulnerability Manifesto*, *The Happiness Manifesto* von Gretchen Rubin oder *The Expert Enough Manifesto* von Corbett Barr. Google liefert dir dazu sicher jede Menge Treffer und weitere Inspiration findest du dazu auch unter www.findyourmagic.de. Welches Manifest bewegt dich am meisten? Welchen Ideen und Prinzipien kannst du von ganzem Herzen zustimmen?

**Schritt 2: Beantworte dir die folgenden Fragen:**
◇ Woran glaubst du aus tiefstem Herzen? Was sind deine tief verwurzelten Werte und Ideen?
◇ Wie definierst du dich selbst? Wofür stehst du?
◇ Was inspiriert und motiviert dich?

◇ Welche Wahrheit kennst du? Welche Zitate liebst du? Welche »Worte der Weisheit« sprechen zu dir?
◇ Was bricht dir das Herz? Was nimmt dich mit?
◇ Wofür willst du dein Geld ausgeben?
◇ Wie willst du deine Zeit verbringen?
◇ Wie willst du mit anderen tagtäglich umgehen?
◇ Was bedeutet Gesundheit für dich, und wie willst du sie erreichen?
◇ Was sind deine größten Ziele und Träume im Leben?
◇ Wie willst du die Welt verändern? Welchen Effekt willst du auf das Leben anderer haben?
◇ Wie willst du mit Versagen, Fehlern oder Enttäuschungen umgehen? Wie möchtest du reagieren, wenn du in Bedrängnis oder eine Krise gerätst?
◇ Wie definierst du Erfolg? Wie Glücklichsein?
◇ Welche Veränderungen musst du bewirken, um dein Leben wirklich lebenswert zu machen?

**Schritt 3: Beginne mit einem groben Entwurf.**
Finde heraus, in welches Format du dein Manifest bringen willst, dann beginne mit dem Zusammensetzen. Ich habe mir dazu alle möglichen Dinge auf Karteikarten geschrieben, sie alle nebeneinander auf den Boden gelegt und dann angefangen, sie zu arrangieren, zu bearbeiten und wieder zu arrangieren, bis ich etwas hatte, das sich als gesamtes Ganzes gut angefühlt hat.

Am besten, du beginnst mit den Ideen und Konzepten, die dir am wichtigsten sind. Fokussiere dich auf das, was dich richtig anspringt. Mach dir für den Moment keine Sorgen über die Bearbeitung, bring einfach deine Ideen zu Blatt – und zwar alle.

**Schritt 4: Gib deinem Manifest eine Bühne.**
Mach dein Manuskript öffentlich oder drucke es zumindest aus und gib ihm einen Platz, wo du es möglich oft siehst. Lass es nicht in einer irgendeiner Schublade oder einem Ordner dei-

nes Computers verkümmern, sondern häng es über deinen Arbeitsplatz, an den Kühlschrank, mach es zu deinem Desktophintergrund oder steck es in dein Portemonnaie. Dies hilft dir, verantwortlich gegenüber dem zu bleiben, was du geschrieben hast – und dich immer an deine Werte und Ziele zu erinnern.

**Schritt 5: Lebe deine Manifest.**
Fordere dich selbst heraus, nach deinem Manifest zu leben. Lass dich nicht davon überfordern – das ist nicht der Sinn. Lass dich inspirieren und dich herausfordern. Erwarte nicht, dass du jeden einzelnen Punkt deines Manifestes jeden Tag ausleben kannst. Aber wähle ein oder zwei Dinge, auf die du dich jeden Tag oder jede Woche oder jeden Monat fokussierst.

Und vergiss nicht, dass sich deine Prioritäten und Ziele mit der Zeit ändern. Dein Manifest ist ein lebendes Dokument. Lass es zusammen mit dir wachsen, solange du deine Träume verfolgst!

# ZUM GUTEN SCHLUSS

Dieses Buch zu lesen war der einfache Teil. Von hier an geht es auf die wirkliche Reise. Auf dem Weg zu dir und deiner Bestimmung wirst du auf Hindernisse stoßen, auch auf solche, auf die du nicht vorbereitet bist. Du wirst ungeduldig werden. Du wirst dich einsam fühlen. Du wirst verzweifelt sein. Du wirst auf Widerstand stoßen, im Inneren wie im Außen. Du wirst Selbstzweifel, Angst und Schamgefühle erleben. Dein innerer Kritiker wird über »deine blöde Idee« schimpfen. Du wirst aufgeben wollen. Du wirst alles anzweifeln.

Das alles ist völlig normal! Das passiert, wenn wir unsere Komfortzone ausdehnen und Dinge tun, die wirklich von Bedeutung sind. Mach dich darauf gefasst und vertraue darauf (beziehungsweise mir!), dass es vorbeigehen wird. Gefühle sind temporär und nicht die absolute Wahrheit. Dein Leben wird zuerst ein wenig oder sehr auseinander fallen. Du wirst durch Höhen und Tiefen gehen. Dein Ego wird an deiner alten Story festhalten wollen. Das sind alles Einladungen, dich und das Leben noch intensiver kennenzulernen. Du bist die Heldin in deiner eigenen Geschichte und Heldinnen und Helden stoßen unweigerlich auf Drachen und Monster. Deine Aufgabe ist es, nicht vor ihnen zurückzuschrecken.

*Wenn du dich ausweitest, weiten sich die Welt und das Universum aus. Das mag schwer zu begreifen sein, aber du wirst es auf deinem Weg spüren.*

Meine eigene Entwicklung und die vieler Menschen, die ich im Laufe der Zeit beobachten durfte, verlief in Wellen. Auf einen Durchbruch folgte eine Phase der Angst und Verzweiflung. Dann kam wieder ein Durchbruch. Und dann wieder eine

Phase des inneren Chaos. Besonders am Anfang, in den ersten Monaten. Unser Ego, unser altes Ich, hat Angst davor, zu sterben und unsere alte Identität loszulassen. Daher versucht es, so sehr es kann, sich auf das »Überleben« zu fokussieren und an unserem alten Leben und unserer alten Geschichte festzuhalten.

Viele Leute geben dann viel zu schnell auf. Sie haben hohe Erwartungen an sich selbst und sehen sich als gescheitert an, wenn sich der erwartete Fortschritt oder Erfolg nicht innerhalb von sechs Monaten oder einem Jahr einstellt. Dein Ziel mag weit weg erscheinen, doch wenn du dich in den Prozess und den Weg verliebst, ist es egal, wie lange es dauert. Die Person, die du auf dem Weg wirst, ist das eigentliche Ziel.

Wusstest du zum Beispiel, dass Steven Spielberg von drei Filmhochschulen abgelehnt wurde? Dass Tim Ferriss mit seinem Buch »Die 4-Stunden-Woche« bei 25 Verlagen angeklopft hat, bis der 26. es dann doch publizierte? Oder dass Michael Jordan es in der 10. Klasse auf der Highschool nicht ins Basketballteam geschafft hat? Und doch wurde er zu einem der besten Basketballspieler der Welt. Ich könnte dir jede Menge solcher Geschichten erzählen. Also wenn du die Dringlichkeit spürst, alles auf einmal machen zu wollen, und ungeduldig wirst, weil du möchtest, dass es schneller geht – atme tief durch.

Manches wird leichter sein, als du denkst. Manches härter. Je mehr du dich regelmäßig mit deinem großen Warum verbindest, desto motivierter wirst du sein. Besonders wenn zwischen dem, wo du jetzt bist, und deiner idealen Vision ein großer Abstand ist. Aber wenn du nur das tust, was du immer schon getan hast, wirst du da ankommen, wo du immer schon warst.

*Das Universum weiß, was es tut. Konzentriere dich auf das Gefühl der Fülle und des Erfolges.*

Du wirst nie erfahren, was sein kann, bevor du nicht den Schritt ins Unbekannte wagst. Wir sind nicht nur hier auf dieser Welt, um auf Instagram Selfies zu posten oder um uns über die Politik aufzuregen. Wir sind hier, um richtig zu leben. Je mehr Verantwortung wir für unsere Schatten übernehmen, je mehr wir regelmäßig herausfordernde Dinge tun, je mehr wir uns jeden Tag aufs Neue für unsere Wahrheit einsetzen, desto mehr kommen uns das Leben und das Universum entgegen und helfen uns. Beide reagieren auf das, was wir tun, nicht auf das, was wir sagen, was wir tun müssten oder könnten.

Ich konnte dieses Buch nur schreiben, weil ich viele Male ins Unbekannte gegangen und mit einem höheren Bewusstsein auf der anderen Seite wieder herausgekommen bin. Wir wollen immer Sicherheit, bevor wir uns an neue Erfahrungen wagen, dabei brauchen wir erst den Mut, die Erfahrung zu machen, um Vertrauen zu lernen. Das ist der Sprung, den du hinkriegen musst. Und du kannst ihn nur machen, wenn du dich dem Leben voll hingibst und darauf vertraust, dass es nichts gibt, wovor du Angst haben musst.

Du magst denken, dass du diese Reise primär für dich antrittst. Aber in Wahrheit ist die Reise und alles, was du auf ihr erlebst, was du erschaffst, wenn du deine Berufung auslebst, nicht nur für dich, sondern für die Welt und andere Menschen. Dein Wachstum, deine Bestimmung, deine täglichen Rituale – sie werden nicht nur dein Bewusstsein steigern, sondern das von jedem Menschen um dich herum. Denn schlussendlich sind wir Teil eines Ganzen und nicht nur eigenständige Satelliten, die in der Atmosphäre herumschweben. Auch wenn ich dich nicht kenne, weiß ich, dass wir verbunden sind.

Unsere Wahrheit und Berufung auszuleben, bedeutet, uns selbst tief kennenzulernen, und es ist das schönste Geschenk, dass wir uns selbst und der Welt machen können.

Deine Magic wartet auf dich.

Wir sehen uns in Netona Aina.

Deine Conni.

# DANKSAGUNG

Ich bin sehr dankbar dafür, dass ich die Möglichkeit erhalten habe, dieses Buch zu schreiben. Es wäre ohne die Unterstützung von wichtigen Menschen nie ins Leben gerufen worden.

Ich möchte mich bei meiner Lektorin, Petra Müller, bedanken, die sich sehr bemüht hat, mein viel zu langes Manuskript zu kürzen, und sich mit meiner holprigen Deutschgrammatik auseinandersetzen musste. Danke an meine Projektleiterinnen Petra Bradatsch und Anja Schmidt beim Gräfe und Unzer Verlag, die die Idee für dieses Buchprojekt hatten und mir immer mit viel Motivation zur Seite standen.

Ich danke meiner wunderbaren Mutter Claudia Sigel für ihr Feedback zum Buchmanuskript und ihre bedingungslose Liebe und Unterstützung. Ich bin unglaublich dankbar für meine Eltern, die mich nie von meinen verrückten Vorhaben zurückgehalten haben.

Ich danke Kaja Otto und Simone Sauter, meinen Magic Masterminds.

Ich bin dankbar für alle spirituellen Lehrerinnen, durch die ich mehr Verständnis und Liebe erlangt habe.

Ich bin dankbar für alle Menschen aus meiner Vergangenheit, die mir unwissentlich als Lehrer gedient haben.

# BUCHEMPFEHLUNGEN UND LINKS

## Zum Weiterlesen

Julia Cameron: *Der Weg des Künstlers. Ein spiritueller Pfad zur Aktivierung unserer Kreativität.* Knaur, München

Dr. Joe Dispenza: *Ein neues Ich: Wie Sie Ihre gewohnte Persönlichkeit in vier Wochen wandeln können.* Koha, Dorfen

*Werde übernatürlich. Wie gewöhnliche Menschen das Ungewöhnliche erreichen.* Koha, Dorfen

Danielle LaPorte: *The Desire Map. Das Arbeitsbuch zur Verwirklichung Ihrer Lebensträume.* LEO Verlag, München

Thich Nhat Hanh: *Versöhnung mit dem inneren Kind. Von der heilenden Kraft der Achtsamkeit.* O. W. Barth, München

Steven Pressfield: *The War of Art: Break Through the Blocks and Win Your Inner Creative Battles.* Black Irish Entertainment, New York

Marshall B. Rosenberg: *Gewaltfreie Kommunikation. Eine Sprache des Lebens.* Junfermann, Paderborn

Don Miguel Ruiz: *Die vier Versprechen. Ein Weg zur Freiheit und Würde.* Ullstein, Berlin

Eckhart Tolle: *Eine neue Erde. Bewusstseinssprung anstelle von Selbstzerstörung.* Arkana, München

## Die Homepage zum Buch

**www.findyourmagic.de**

Hier warten noch mehr Ressourcen und Bonus-Inhalte auf dich

**Mehr Infos von und zu Conni**

Connis Webseite

www.conni.me

Connis Podcast CREATE:

www.conni.me/podcast

Conni auf YouTube:

www.youtube.com/connibiesalski

Conni auf Instagram:

www.instagram.com/conni.biesalski

Conni auf Twitter:

www.twitter.com/connibie

## Nützliche Apps

Apps für die Meditation: *Headspace*, *Calm* und *7Mind*, die App *Insight Timer*, *Waking Up*

Apps zum Yoga-Üben: *Asana Rebel*, *Down Dog* oder *Yoga Easy*

Habit-Tracking-Apps: *Coach*, *Streaks*, *Momentum*, *Habit Tracker* oder *Habit List*. Die App *Rescue time* zeichnet auf, wie viel Zeit du online verbringst.

# IMPRESSUM

© 2020 GRÄFE UND UNZER
VERLAG GmbH, München

Alle Rechte vorbehalten. Nachdruck, auch auszugsweise, sowie Verbreitung durch Bild, Funk, Fernsehen und Internet, durch fotomechanische Wiedergabe, Tonträger und Datenverarbeitungssysteme jeder Art nur mit schriftlicher Genehmigung des Verlages.

**Projektleitung**: Petra Bradatsch / Ariane Hug

**Lektorat**: Petra Müller

**Layout & Umschlaggestaltung**: independent Medien-Design, Horst Moser, München

**Zeichnungen**: Conni Biesalski

**Herstellung**: Petra Roth

**Satz**: Uhl + Massopust, Aalen

**Repro**: Repro Ludwig, Zell am See

**Druck und Bindung**:
C.H. Beck, Nördlingen

ISBN 978-3-8338-7348-5

1. Auflage 2020

Die **GU Homepage** finden Sie im Internet unter **www.gu.de**.

www.facebook.com/gu.verlag

**Umwelthinweis**
Dieses Buch wurde auf PEFC-zertifiziertem Papier aus nachhaltiger Waldwirtschaft gedruckt.

**Wichtiger Hinweis**
Die Gedanken, Methoden und Anregungen in diesem Buch stellen die Meinung bzw. Erfahrung des Verfassers dar. Sie wurden vom Autor nach bestem Wissen erstellt und mit größtmöglicher Sorgfalt geprüft. Sie ersetzen jedoch nicht den Besuch eines Arztes oder Heilpraktikers und sind kein Ersatz für eine medizinische Diagnosestellung oder Therapie. Weder Autor noch Verlag können für eventuelle Nachteile oder Schäden, die aus den im Buch gegebenen praktischen Hinweisen resultieren, eine Haftung übernehmen.

---

**LIEBE LESERINNEN UND LESER**,
wir wollen Ihnen mit diesem Buch Informationen und Anregungen geben, um Ihnen das Leben zu erleichtern oder Sie zu inspirieren, Neues auszuprobieren. Wir achten bei der Erstellung unserer Bücher auf Aktualität und stellen höchste Ansprüche an Inhalt und Gestaltung. Alle Anleitungen und Rezepte werden von unseren Autoren, jeweils Experten auf ihren Gebieten, gewissenhaft erstellt und von unseren Redakteuren/innen mit größter Sorgfalt ausgewählt und geprüft.
 Haben wir Ihre Erwartungen erfüllt? Sind Sie mit diesem Buch und seinen Inhalten zufrieden? Haben Sie weitere Fragen zu diesem Thema? Wir freuen uns auf Ihre Rückmeldung, auf Lob, Kritik und Anregungen, damit wir für Sie immer besser werden können. Und wir freuen uns, wenn Sie diesen Titel weiterempfehlen, in Ihrem Freundeskreis oder bei Ihrem online-Kauf.
 Sollten wir Ihre Erwartungen so gar nicht erfüllt haben, tauschen wir Ihnen Ihr Buch jederzeit gegen ein gleichwertiges zum gleichen oder ähnlichen Thema um.

**KONTAKT**
GRÄFE UND UNZER VERLAG
Leserservice
Postfach 86 03 13
81630 München
E-Mail: leserservice@graefe-und-unzer.de
Telefon: 00800 / 72 37 33 33*
Telefax: 00800 / 50 12 05 44*
Mo-Do: 9.00-17.00 Uhr
Fr: 9.00-16.00 Uhr (*gebührenfrei in D,A,CH)

*Ein Unternehmen der*
GANSKE VERLAGSGRUPPE